정교회와 정치신학

정교회와 정치신학

2020년 3월 23일 초판 1쇄 인쇄
2020년 3월 30일 초판 1쇄 발행

지은이 | 판텔리스 칼라이치디스
옮긴이 | 이기영
펴낸이 | 김영호
펴낸곳 | 도서출판 동연
등 록 | 제1-1383호(1992년 6월 12일)
주 소 | 서울시 마포구 월드컵로 163-3
전 화 | (02) 335-2630
팩 스 | (02) 335-2640
이메일 | yh4321@gmail.com

ISBN 978-89-6447-562-1 03200

정교회와 정치신학

판텔리스 칼라이치디스 지음 | 이기영 옮김

동연

추 천 의 글

현실적 신학 사상 정립의 기회

한국 암브로시오스 대교구

정교회 그리스도교 신학과 윤리적 전통에서, 모든 규범적 가르침은 교회의 그리스도론과 성삼위일체를 이해하는 일에 기반을 두고 있습니다. 정교회의 사회적인 그리고 정치적인 가르침도 예외는 아닙니다. 교회의 가르침은 이렇게 시작합니다. (1) 예수 그리스도는 "완벽한 하나님이시며 완벽한 인간이십니다. 그분이 하나님이시기 때문에 본질적으로 신성에 따라 아버지인 하나님과 함께 계시며, 그분이 인간이기 때문에 인성에 따라 우리와 함께 계십니다"(칼케돈 공의회, 451년). 그리고 (2) 성삼위일체는 세 가지 신성한 개인 또는 하나의 신성한 본질 또는 위격(ousia)으로 연합된 본체(hypostases)라고도 합니다(카파도키아 교부들의 삼위일체 해석 방식). 이에 따라 정교회는 그분께서 삶과 성인 그리고 사회사상을 통해 하나님에 대한 진실, 인류 그리고 모든 생명체를 구원하시는 것을 목격하였습니다.

지상에서의 삶의 어떤 측면에서도 우리는 하나님의 한계를 넘어서 존재할 수 없고, 지상에서의 삶의 모든 영역에 하나님의 은혜를 축성할 잠재력이 깃들어 있습니다.

그러나 몇 가지 예외사항을 가진 『정교회와 정치신학』이라는 그의 사려깊은 저서에서 칼라이치디스 박사는, 다른 그리스도교 공동체가 가진 자유롭고 급진적인 사고방식을 가지고 정교회가 '정치신학'을 발전시키지 않았다고 언급합니다. 이 주장에 대한 이유는 복잡하고 아주 분명하지는 않습니다. 그러한 주장은 타락한 인간의 연약함과 한계와 관련된 이유뿐 아니라 역사적이고 신학적인 이유에서도 기인하는 듯합니다. 그러나 분명하게 말할 수 있는 점은 오늘의 정교회가 최고의 신학적 사고로 우리의 동시대 세계에서 발생하는 권력과 빈곤, 사회정의와 종말론, 주권과 정통성 그리고 시민권이라는 주제를 검증하는 사회적이고 정치적인 질문을 감당해야 할 적합한 시기라는 것입니다.

정교회는 전통적으로 한 가지 형태의 정부나 정당 또는 경제체제만을 지지하지 않습니다. 대신에 정교회는 인간의 모든 기관에서 무엇이 선하고 중요하며 무엇이 악한지에 대해서 증거합니다(빌립보서 4:8). 왜냐하면 우리가 찬미하는 주님은 "내 왕국은 이 세상 것이 아니다"(요한복음 18:36), "주님의 성령이 나에게 내리셨다. 가난한 이들에게 복음을 전하게 하셨다. 주께서 나를 보내시어 묶인 사람들에게는 해방을 알려주고 눈먼 사람들은 보게 하고, 억눌린 사람들에게는 자유를 주며"(누가복음 4:18)라고 말씀하시기 때문입니다.

이 중요한 책을 한국어로 출판하는 일은 정교회 교인들이나 에큐메니칼 동역자들 그리고 고대 정교회 그리스도교 전통에 관심을 가진 모든 한국인들에게 기쁨과 지식의 원천이 될 것이라고 생각합니다. 부디 이 사람에서 나온 노고가 한국이라는 주님의 포도원에서 많은 영적 열매를 맺게 되기를!

Prologue

By Metropolitan AMBROSIOS of Korea

한국 암브로시오스 대교구

In the Orthodox Christian theological and ethical tradition, all normative teachings are grounded in the Church's Christology and understanding of the Holy Trinity. Orthodoxy's social and political teachings are no exception. Beginning with the doctrinal claims that (1) Jesus Christ is 'perfect God and perfect human being, one in essence with the Father according to His divine nature, and one in essence with us according to His human nature' (Council of Chalcedon, 451 A.D.) and (2) that the Holy Trinity is three divine persons, or hypostases, united in one divine essence, or ousia (the Cappadocian solution), the Orthodox Church has borne witness to the saving Truth about God, Humanity, and all of creation through its life, its saints, and its social thought. No aspect of earthly life lies beyond the scope of God, and all aspects of earthly life have the potential to be sanctified the God's grace.

Yet as Dr. Kalaitzidis notes in his thoughtful monograph, Orthodoxy &Political Theology, with few exceptions, Orthodoxy has not developed a 'political theology,' in the liberating and radical sense' that some other Christian communities have. The reasons for this are complex and not entirely clear. They likely stem from historical and theological reasons, as well as from reasons related to the weaknesses and limitations of fallen humanity. What can be said with certainty, however, is that the time is right for the best theological minds within Orthodoxy today to take up questions of social and political thought—to examine the themes of power and poverty, of social justice and eschatology, of sovereignty, legitimacy, and citizenship as they emerge in our contemporary world.

The Orthodox tradition does not endorse a single form of government, political party, or economic system. Instead, it affirms what is good and critiques what evil in every human institution (Phil 4:8). For the Lord whom we worship is the One who proclaimed both 'my kingdom is not of this world' (Jn 18:36) and 'The Spirit of the Lord···has sent me to proclaim good news to the poor, freedom for the prisoner, recovery of sight for the blind, and freedom for the oppressed' (cf. Lk 4:18).

The translation of this important book into Korean is a

source of joy and knowledge for Orthodox Christians, for our ecumenical partners, and for all Korean speakers who are interested in the ancient Orthodox Christian tradition. May this labor of love bear much spiritual fruit in the Lord's Korean vineyard.

책을 펴내며

교의와 실천 정교회 신학 탐구시리즈

판텔리스 칼라이치디스

전 세계의 기독교의 교의와 실천에 당면한 도전들에 비춰볼 때, 볼로스아카데미와 WCC출판의 공동노력은 정교회의 심오한 부활을 위해서, 그리고 전 지구공동체의 이익을 위해서, 정교회사상의 풍부함을 재평가하고 재인정하며 나아가서는 개발하는, 독창적이고 고유한 노력을 권고한다.

편집자문위원회의 위원

페르가몬의 대주교 존 지지울라스, 에큐메니컬 총대주교관구 마운트-레바논의 대주교 게오르기 코드르, 그리스정교회 안디옥의 총대주교 엠마뉴엘 클랩시스 박사, 목사, 성 십자가 그리스정교회의 신학대학원, 보스톤 타마라 그르젤리드즈 박사, 프로그램 집행관, 신앙과 직제, WCC 알렉세이 보드로브 박사,

신학교장, 성안드레아성서신학원, 모스코바 안젤리키 지아카 박사, 데살로니가대학 신학대학원 부교수 피터 부테네프 박사, 성 블라디미르신학교 준 교수, 뉴욕 라더프레다 박사, 클루쥬-나포카대학 준 교수, 정교회 간, 고해 간, 종교 간 연구의 로마니안 학원 교장(INTER) 줄리자 비도빅, MTh, 유럽교회회의의 중앙위원회 회원(정교회의 세르비언교회) 아이카테리니 펙리두, MTh, 삼위일체대학 에큐메닉스 아일랜드대학원, 듀블린. 신학연구아카데미, 볼로스.

머 리 말

동방정교회의 신학과 전례의 주된 특징의 하나는 모든 피조물과 우주 및 인간의 보편적이고 전체적인 변화와 구원에 대한 비전이고, 이것은 성육신한 성자와 하나님의 말씀에 나타나 있는 역사의 변화에 대한 비전이기도 하다. 그리스도가 모든 인간 존재와 인간 본성의 완전성을 나타낸 것처럼, 교회도 전체 인간(육체와 영혼, 정신과 물질)의 변화와 구원을 위해 노력해야 하는데, 이것은 단지 영적이거나 종교적인 영역에서뿐만 아니라 현세의 정치적, 사회적, 경제적 영역을 포함해서 인간의 삶의 모든 영역에 걸쳐서 그렇게 해야 한다.

그러나 동방정교회의 교회를 보면 꼭 그렇지만은 아닌 것 같다. 그것은 우선적으로는 역사적 이유인데, 성례전과 종말론적인 자기의식, 하나님의 통치의 능동적인 기대와 경험 그리고 이에 대한 공적인 증언과 나아가 이러한 기대가 지니는 정치적 영역과 복음의 사명인 사회정의와 가난한 자들과 소외된 자들 그리고 역사의 희생자들과의 연대에 대한 공적 증언을 적절히 제공하지 못했기 때문이다.

따라서 이 책의 목적은 정교회와 정치신학 간의 관계를 연구하는 것이다. 처음에 “정치신학”은 독일의 보수적인 법철학자

칼 슈미트에 의해 창안되었지만, 이후에 요한 뱁티스트 메츠, 위르겐 몰트만, 도로시 죌레와 라틴아메리카의 해방신학자들에 의해 급진화 되었다. 본서는 정교회가 —몇 가지 예외를 제외하고는— 해방적이고 급진적인 의미에서 "정치신학"을 발전시키지 못했던 이유에 대해 검증하고자 한다. 왜 저명한 정교회 신학자들이 정치신학의 의미와 내용을 과소평가하거나 심지어 오해했는지, 또한 미국과 서구의 많은 나라에서 그랬던 것처럼, "신학적 혹은 기독교적 좌파"의 사상이 정교회 주변에서는 왜 발전하지 못했는지를 알아보고자 한다. 그래서 본서는 정치적 해방신학에 대한 정교회적인 요소들과 전제들을 집적하고자 노력했는데, 이것은 주로 교회의 종말론적인 이해와 성례전적 구조, 성서와 교부 전통 그리고 현대의 동방정교회 신학자들 특히 디아스포라 신학자들의 저작과 주요한 공헌들에 대한 것이다.

본서의 1부와 2부는 본래 독립적으로 간행되었으나 현재의 작업에 맞추고자 교정하고 편집하여 한 권으로 발행했다. 제1부("정교회와 정치신학")[1]는 "성서의 해방신학, 교부신학 그리고 현대성의 모순"이라는 과목의 국제 대학원생 세미나의 강의안이다. 이 세미나는 볼로스(Volos) 신학아카데미, 하이델베르크대학 신학부, 데살로니가대학 신학대학원이 공동으로 개최하였는데, 2009년 5월 28~30일 그리스의 볼로스에서 볼로스신학아카데미가 주관했다. 세미나의 강의 원고는 2012년 아테네

---

1 처음에 이 원문은 Haralambos Ventis 박사가 번역했다.

의 "인딕토스 출판사"에 의해 그리스어로 간행되었다. 이 책에서 내 원고가 영어로는 처음으로 나왔는데 배려가 많고 사려 깊은 그레고리 에드워즈 신부에 의해 번역된 것이다. 본서의 제2부("종말론과 정치")는 아토스 산상의 시모노스 페트라스의 에밀리아노스 장로에게 헌정된 논문집에 개인적으로 기고한 것인데 그리스어로 씌어졌다.[2] 이 책에서 역시 그레고리 에드워즈 신부가 영어로 번역했다.

머리말을 마무리하기 전에, 이 책을 발전시키고 준비하는 데 많은 도움을 준 여러 사람들에게 깊은 감사를 드리고자 한다. 특히 그레고리 에드워즈 신부, 울리히 두크로 박사, 페트로스 바실리아디스 박사, 스텔리오스 촘판니디스 박사, 노먼 러셀 박사, 다니엘 아이우치 박사, 아리스토틀 파파니콜라오 박사, 하랄람보스 벤티스 박사, 신학석사 과정의 마태오 베이커와 니코스 아스프라울리스 등에게 감사드린다. 본서가 완성되었던 2012년 부활절 주간에 베이루트에서 따뜻하게 보살펴 준 베이루트의 아메리칸대학의 아말 디보 교수에게 특별히 감사를 드린다.

나는 이 책을 교회에 대한 열렬한 헌신과 환경, 사회정의, 종교적 관용에 대한 일에 적극적으로 참여하시는 에큐메니칼 총

---

2 Pantelis Kalaitzidis, "Eschatology and Politics," in Synaxis Efcharistias, *Festschrift volume for Elder Aimilianos of Simonopetra* (Athens: Indiktos Publications, 2003), 483-527.

대주교 바르톨로메오 성하에게 바친다. 변화하는 오늘의 세계에서 정교회의 증언과 현존을 위해서 그가 수년 동안 행해 온 것에 대해 미력하나마 경의를 표하고자 한다.

볼로스-베이투트, 2012년 부활절

판텔리스 칼라이치디스

옮긴이의 글

정교회에 대한 자료를 찾는 중에 제10차 세계교회협의회(WCC) 부산총회(2013년)의 신학 자료로 사용한 판텔리스 칼라이치디스 『정교회와 정치신학』을 발견하였고 한국어판 출판을 하기에 이르렀다. 이 책의 원제는 *ORTHODOXY & Political Theology*이고, 여기에 "Doxa & Praxis series" 교의와 응용시리즈이다. 판텔리스 칼라이치디스는 교의와 응용시리즈의 편집 책임자이며, 그리스 볼로스의 신학 연구를 위한 볼로스 아카데미의 회장이다. 그는 다음과 같은 저작을 발행하거나 편집하였다. *The Church and Eschatology*; *Gender and Religion: the Role of the Women in the Church*; *Orthodoxy and Modernity: Turmoil in post war Theology*; *The Greek "Theology of the '60's"*: and *Orthodoxy and Hellenism in Contemporary Greece*.

이 책의 목적은 정교회와 정치신학 간의 관계를 연구한 것이다. 정치신학은 칼 슈미트의 창안인데 그것은 현실 긍정적 옹호 정치신학이고, 이후에 요한 뱁티스트 메츠, 위르겐 몰트만, 도로시 죌레와 라틴 아메리카의 해방신학자들에 의해 정치 비판적 정치신학으로 바뀌었다. 정교회는 왜 이러한 정치신학의 의미와 내용을 발전시키지 못했는가? 신학적 혹은 기독교적 정치

비판적 진보사상이 정교회에서 왜 발전하지 못했는가에 대한 담론이다. '신학적 기독교적 정치 비판'의 사상을 발전시키지 못한 문제에 대한 해답은 정교회의 역사적인 고찰을 필요로 한다. 비잔티움의 정치체계는 신정(神政)주의와 황제교황주의(caesaropapaism) 요소와 결부되어 있다. 이 체제에서 정교회는 국가에 첨부 종속되고, 국가는 지상에서 하나님 나라의 현현이고, 이교(異教)로부터 정통신앙을 보호하였다. 이교적 오스만의 지배시대에 정교회는 정복자의 분노, 희생 제물로 전락할 위험해 처했었다.

이 책의 저자 판텔리스 칼라이치디스는 오늘날 정교회에서 철저한 비판적이며 진보적인 정치신학의 결여에 관한 문제의 해답은 '정교회신학의 정체성 위기와 20세기의 내향성(內向性)과 교부신학으로의 회귀' 없이는 불안전할 것이라 한다. 정교회 신학은 기본적으로 20세기 주요한 신학적 토의를 결여하고, 신학적 의제 설정에서도 거의 영향을 끼치지 못했다. 예를 들어 변증법적 신학, 실존주의와 해석학적 신학, 역사와 문화 신학, 에큐메니칼 신학, 선교 신학, 종교와 타자성 신학—이러한 20세기의 신학적 활동에서 일어난 혁신들이, 정교회 신학에서는 그 자체의 '내적인' 문제들에 관심했고, '서방의 영향'에서 벗어나는 것에 우선순위를 두었다.

정교회는 역사적으로 사도적 교회와의 연속성에 대한 특징을 지닌다. 정교회는 7개 세계 공의회 결정을 계승한다. '계승'

(orthodoxy)이라는 말은 '참된 신앙'과 '참된 예배'를 동시에 의미한다. 신앙과 예배를 표현할 때, 정교회는 성경과 전통의 일관성을 추구한다. 그럼에도 에큐메니칼 총대주교 바르톨로메오는 그의 공적(公的)인 연설과 메시지에서 영적인 리더십과 신학적 종말론적인 인식을 보여주면서 '정치적' 혹은 세계의 이슈들—종교와 정치의 관계, 인종차별, 종교적 관용, 평화, 사회적 정의, 빈곤, 경제, 생태학, 환경적 위기—에 헌신하고 정교회 전통의 경험과 뜻깊은 증언을 하면서 희망과 격려의 상징임을 나타내고 있다.

이 책의 내용에서 논의된 주요한 쟁점들에 대하여 몇 가지로 요약해보면 다음과 같다.

1. 정교회 관점에서 이 책에 야기된 쟁점들에 응답할 열쇠는 종말론이다. 종말론은 세상에서 교회의 체류에 스며있는 현재와 미래, '이미'와 '아직 아니' 간의 변증법적 관계에 관련되어 있다. 고대 그리스어 '텔로스'(telos)라는 어휘에 담긴 함의대로, 종말은 '끝'인 동시에 '완성'이며, 그 최후 완성을 향해 정초된 궁극적인 '목표'이다. 아울러, 그 종말은 우주와 역사의 주관자인 하나님을 닮아가는 온전함 또는 성숙함의 과정과 맞물려 있는 개념이다.

구약성서의 종말론적 기대는 그리스도의 인격 속에서 실현되었다. 신약성서의 저자들은 교회를 구약성서의 하나님 백성들의 그리스도 안에서의 연속과 재확립으로 나타냈다. 교회는 새로운 이스라엘. "은총에 의해 택함 받은 남은 자"(롬 11:5)인데 구약성서의 모든 약속이 유효한 마지막 때 하나님의 거룩한 백성이다. 교회는 종말론적 백성으로, 어느 때, 어느 장소에서도 일치의 종말론적 신비를 나타내고 실현하도록 모든 종류의 차별과 분열(종족, 성별, 종교, 문화, 사회적 계급, 계층, 직무)을 그리스도 안에서 극복하고 실현하도록 부름을 받았다. 성 요한 크리소스톰이 명민하게 요약했듯이 "교회라는 이름(ecclesial)은 분리의 이름이 아니라 일치와 조화의 이름이다."

2. 탁월한 정교회 신학자들의 지침에 의하면, 교회의 정체성, 교회로 교회되게 하는 것은 신앙고백이나 도덕성 완성이 아니라 거룩한 성체성사이다. 거룩한 성체성사는 성례적인 의례나 경건함의 개인적인 종교적 표현이 아니며, 주교나 성직체제의 권한과 지배를 확증하고 강조할 기회도 아니다. 신성한 성체성사가 신정(神政) 논리의 복잡한 부분에 따라서는 동로마 황제의 유형과 자리로 보이거나, 그리하여 그리스도의 유형과 자리에 서 있는 것으로 보이는 세속적 통치자인 황제의 역할과 권위를 촉진하기 위해서 제공되는 것은 더더욱 아니다.

거룩한 성체성사는 교회인 그리스도의 몸의 일치와 친교의 신비이다. 그것은 참여와 평등, 하나님과 우리 인간과 피조물간의 보편적 친교의 신비이다. 모든 종류의 신체적 속박과 위계, 타락한 성별, 인종, 국적, 언어, 문화, 사회계급, 계층, 출신에 의한 차별이 상대화되고, 극복된 것이다. 이것이 예루살렘 초기 기독교 공동체의 예배와 생활이다.

기독교는 근원적으로 역사적인 반면에 그것은 역사 이후인 실재—하나님의 왕국—쪽으로 지향해 있고, 이 실재는 비록 역설적이나 종말이 끊임없이 역사 안으로 침투하고 있는 이미 역사적 현재에 영향을 밝히기 시작하였다. 이 모든 것은 예측과 기대와 태도와 '이미'와 '아직 아니' 간의 그리스도의 초림과 재림 간의, 그리스도의 부활과 우리 자신의 부활에 대한 기대 간의 그리고 타락하지 않음과 죽음의 권세에 종언을 의미하는 역사의 재현 간의 긴장을 말한다. 고백자 성 막시무스의 주석에서 '상징'에 관해 말한 것처럼 "구약성서의 일들은 그림자이고, 신약성서의 일들은 이미지(像)이며, 미래의 일들은 진리이기 때문이다."

3. 교회와 국가의 정치적 입장은 내용, 범위 실행에 있어 근본적인 차이가 있다. 참으로 교회의 정치적 메시지 내용은 우선적으로 모든 인간 존재가 하나님의 성화상이며, 인간 각자는 탁월한 타자는 특히 사회적 약자, 죄악과 불의의 희생자들 그리고 그리스도 안에 있는 형제자매 중 보잘것없는 사람의 성화상이다. 그때 정치에 대한 교회의 입장은 "의에 주리고 목마른 사람들"(마 5:6)을 겨냥하고, 그리스도가 거부했던 유혹에 굴복하거나, 기적으로 돌을 빵으로 바꾸는 것이나, 도스토옙스키의 「대(大)심문관의 전설」의 독창적 개념에 의한 권위주의적이고 마술적인 방법에 굴복하지 않고, 모든 억압적인 권위의 (종교적,

정치적, 경제적인) 전제주의적인 면모를 폭로한다. 베르자예프의 유명한 경구 "내 자신을 위한 빵은 물질적인 문제이지만 내 이웃을 위해서 한 사회적, 정치적 행위는 영적 깊이와 감춰진 그리스도적 차원을 드러내고자 함이다."

참으로 교회가 세상을 변화와 갱신할수록 더욱 권력과 지배의 정신이 시들고 그 자리에 사랑, 자유, 카리스마적 봉사(diakonia)가 꽃 필수록 법률, 권력, 권위가 없이 성부와 성자와 성령의 왕국의 삶은 더욱 역사 안에 계시된다.

구원의 복음은 예수의 어머니 마리아가 엘리사벳을 방문했을 때, 마리아의 찬가에서 해방과 반(反)권위주의의 메시지를 가치와 우선순위로 했다. "그의 팔로 힘을 보이사 마음의 생각과 교만한 자들을 흩으셨고 권세 있는 자를 그 위에서 내리치셨으며 비천 자를 높이셨고 주리는 자를 좋은 것으로 배불리셨으며 부자는 빈손으로 보내셨도다"(눅 1:51-53). 이 "탁월한 타자"(the Other par excellence)는 사랑과 봉사 정신에 관한 설교와 가르침으로 우리에게 단지 물질적인 것만을 제공하는 것이 아니라, 스스로 삶과 성육신된 사랑과 봉사, 희생과 봉사의 성육신화된 선례(先例)가 된다. 이미 시작되었고 종말에서 완성을 기다리는 하나님 나라의 새로운 세상은 하나님의 평화, 자유, 사랑, 봉사(diakonia)에 의해 정의된다.

4. 우리가 무시하려고 노력하는 바는 '기독교인'의 제국, 비잔티움의 신정(神政), 고대 이스라엘 혹은 고대 로마에서처럼,

세상적인 영역과 종교적인 그것 간, 황제의 영역과 하나님의 그것 간의 노선(경계)을 더럽히는 신정으로의 회귀를 동경하는 것이다. 중세의 '성스러운 제국'은 동방과 서방 형태 모두 다 명백한 실패작이다. 비잔티움의 역사는 기독교 정치에서는 모험이었고 성공적이지 못했고 불행한 실험이었다. 하나님과 황제는 두 실재(實在)로서 양립할 수 없는 생활양식의 두 영역으로 정의된다. 그것은 끊임없는 변증법적 관계 속에 잠겨있다. 예수 그리스도는 하나님의 존재 양식처럼 사랑, 신성 포기(kenosis), 봉사(diakonia)를 계시한다. 반면에 황제의 방식은 억압과 지배, 공포와 권력이다.

결국 종말론은 현재와 미래 간의, 긍정과 부정 간의, 정치 참여와 정치를 초월하는 것 간의 변증법으로부터 분리될 수 없다. 세상과 역사를 포기하든, 아니면 세상과 역사에 흡수되어 세속화하든, 교회의 어느 면에든 위험은 상존해있다.

5. 수도원주의는 수도사적이고 금욕적인 정신과 그것의 자발적인 체념의 기풍과 더불어, 항상 기독교인들의 세상에서의 여정을 위한 가장 좋은 선례를 제공했다. 수도원주의는 그 자체가 '기독교화된' 제국의 어떤 불신으로부터 생겨났고, 흔히 교회의 세속화에 대항하는 반항아로서, 세속적인 사고방식과의 절충의 거부로서, 또 다른 종류의 연방제, 사회를 건설하려는 시도로서 풀이된다. 수도원주의는 종말론의 파수꾼이고 교회에 대한 종말론적 양심이다.

정교회는 확고한 종말론과 풍부하게 교리적이고 전례적인 정체성으로 알려졌고, 정교회는 정치신학을 강력하게 발전시키지 못했다. 그의 역사적 저작은 에큐메니칼 맥락에서 사상 최초로 주의 깊은 분석적 평가가 정치적 무대에서 정교회의 공적 증거를 발전시키는 열쇠는 성체성사의 공동체와 새로워진 종말론이며, 개인적 · 사회적 · 우주적인 가능성의 하나님의 능동적 재창조에 대한 깊은 신앙과 기대라고 주장한다.

이 책이 '하나이며, 거룩하며, 보편적이며, 사도적인 교회'를 지향하는 독자들에게 길잡이가 되기를 바란다. 이 책의 한국어판이 나오기까지 주변에서 수고해 주신 분들에게 감사의 인사를 드린다. 한국정교회 대교구 조성암 암브로시오스 대주교님의 추천의 글에 감사드린다. 동연의 김영호 사장님과 편집부 직원들의 노고에 감사드린다.

2020년 3월

이기영

차 례

1부

정교회와 정치신학

1 장
정치의 신학

비록 정치신학이 더 넓은 세계에서 기독교인들이 그들의 역할을 이해하는 주요한 수단인 것처럼 보일지라도, 그것이 항상 걸출한 역사를 가졌던 것은 아니다. 내가 알기로는 "정치신학"이라는 용어는 1922년에 같은 제목으로 출판된 칼 슈미트의 저술에서 처음 사용되었다. 이것은 정치신학의 요소들이 이전의 연구에는 결여되어 있다거나, 아니면 정치신학의 자취나 선례가 초기부터 아주 최근에 이르기까지 교회사 전반에 걸쳐서 발견될 수 없었다는 것을 의미하는 것은 아니다. 작지만 이제는 고전이 된 『정치신학』[1]에서, 국가사회주의에 집착했고 야콥 타우부스가 "반혁명의 묵시론자"[2]라고 불렀던, 보수적 로마 가톨

1 Carl Schmitt, *Political Theology: Four Chapters on the Concept of Sovereignty*, tr. by George Schwab (Cambridge, MA: The MIT Press, 1985. 독일어판 1판 1922, 2판 1934; 주석과 후기를 포함한 그리스어 번역: Panayiotis Kondylis, Athens: Leviathan Publication, 1994).

릭 독일 법철학자인 칼 슈미트는 "현대적 국가론에 대한 모든 중요한 개념들은 세속화된 신학적 개념이다"라고 주장했다. 그래서 이것은 "그것들의 역사적인 발전 —그 속에서 정치신학적인 요소들이 신학에서 국가이론으로 전환되었고, 그것으로 인해 예를 들어 전능하신 하나님이 전능하신 입법자가 되었다— 때문뿐만이 아니라 그들의 조직적인 구조 때문에, 이러한 개념들에 대한 사회학적인 고려가 필요하다는 인식"을 갖게 된다. 예를 들어 "비상사태"(슈미트는 공교롭게도 그것을 제도적 정상상태로부터 탈선이나 일탈로 본다)를 언급할 때, 그는 "법학에서 예외는 신학에서 기적과 유사하다"고 주장한다.[3] 이리하여 슈미트는 한편으로는 법률에 토대를 둔 국가의 기본적인 개념, 또 한편으로는 형이상학에 토대를 둔 신학 간의 유사성을 일관되게 주장한다.

이것은 슈미트로 하여금 어떤 특정한 시대의 사회적 구조와 그것의 형이상학적 세계관의 일치를 매우 집요하게 주장하도록 만든다. 그에 따르면 "오늘의 헌법적 국가 개념은 세상에서 기적을 추방한 일종의 신학이요 형이상학인 이신론(理神論)[4]

---

2 Jacob Taubes, *The Political Theology of Paul*, ed. by Aleida Assmann and Jan Assamann, in conjunction with Horst Folkers, Wolf-Daniel Hartwich, and Christoph Schute, trans. by Dana Hollander (Stanford, CA: Stanford University Press, 2004), 69.

3 Carl Schmitt, *Political Theology*, 영역판, 36.

4 이신론(理神論) 사상에 의하면 하나님은 세상을 창조하시고 나서 자연적 결정론을 세우셨기 때문에, 더 이상 그것의 기능에 개입하지 않으신다. 이와 반대로

과 더불어 승리를 쟁취했다. 이 신학과 형이상학은, 기적의 관념에서 발견되는 것처럼, 직접적 개입으로 유발된 예외를 통한 자연법칙의 위반뿐만 아니라 정당한 법질서에 대한 주권자의 직접적인 개입도 배격했다." 슈미트에 따르면 "계몽주의의 합리주의는 모든 형태의 예외를 배격했다. 유신론자들이었던 (프랑스의) 반혁명 보수적 저자들은 그러기에 유신론적 신학에서 유추되는 것들의 도움을 받아 군주의 개인적인 주권을 이념적으로 지지하려고 했던 것이다."[5]

사실 칼 슈미트는 "17세기의 국가론에서 군주는 하나님과 동일시되고, 데카르트적인 세계관의 체계 속에서 하나님에게 돌려졌던 것과 아주 유사한 지위를 갖는다. 프레데릭 아트저(Frederic Atger)에 의하면, '군주는 일종의 연속적인 창조에 의해 국가의 모든 고유한 특성들을 개발한다. 군주는 정치적 세계에 바꿔 놓인 데카르트적 신(神)이다'"[6]라고까지 주장한다. 이런 관점을 연장하여 슈미트는 르네 데카르트의 연역법을 기꺼이 확장하는데, 그것에 따르면 "여러 지배자에 의해 창조된 작품은 한 사람에 의해 창조된 것들만큼 완전하지 못하다. '오직

유신론은 이러한 종류의 개입을 가정한다. Panayiotis Kondylis의 그리스어 역자주(Carl Schmitt, *Political Theology*, 117, 주 51)를 보라.

5 Carl Schmitt, *Political Theology*, 영문판, 36-37. Giorgio Agamben이 그의 논문 *Stato di eccezione* (Torino: Bollati Boringhieri Editore, 2003)에서 가한 비판적 언급 참조.

6 Carl Schmitt, *Political Theology*, 46-47.

한 건축가'가 집과 도시를 건설해야 하고, 최선의 헌법들은 오직 한 현명한 입법자의 작품이 되는 것이며, 곧 그것들은 '오직 한 사람에 의해 고안되는데', 그래서 마침내 유일한 하나님이 세상을 다스리시는 것이다." 그러기에 슈미트는 의회민주주의와 대화의 정신에 대한 자기의 반대 입장과 연결된 이런 명백한 이유들 때문에 "왕이 자신의 왕국에 법률을 제정하는 것과 마찬가지로, 자연에 법칙을 제정한 것은 바로 하나님이시다"라고 말하는 데카르트의 견해를 서둘러 수용한다.[7] 나아가 슈미트는, 한편으로 ―이미 19세기에 확립된― 대화적인 참여 그리고 다른 유사한 민주적 제도(그는 내재론의 신학에서 기인한 것으로 보면서도, 삼위일체 신학과 상호작용에 대한 비전의 언급은 의도적으로 빠뜨린다)에 대한 경향과 다른 한편으로, 그 시대의 국가철학에 군주가 국가를 초월한다는 개념이 있었던 것처럼, "세상에 대한 신의 초월성"[8]을 옹호했던 17~18세기의 하나님 이해 사이에 있었던 모순을 꼭 집어 지적한다. 슈미트가 『정치신학』의 초반부에서 쓴 유명한 말처럼 "군주는 예외를 결정하는 사람이다."[9]

---

7 Carl Schmitt, *Political Theology*, 47.

8 Carl Schmitt, *Political Theology*, 50.

9 Carl Schmitt, *Political Theology*, 5. 이 모든 쟁점에 대해서는 또한 Carl Schmitt의 다음 저작을 보라: *The Concept of the Political,* trans. by George Schwab (Chicago: University of Chicago Press, 2007); *Theory of the Partisan: Intermediate Commentary on the Concept of the Political*, trans. by G. L. Ulmen (New York: Telos Press, 2007); *The Leviathan in the State Theory of Thomas Hobbes:Meaning and Failure of Political Symbol,* tr. by George Schwab (Chicago: University of Chicago Press, 2008); *Political*

슈미트 이론을 구축하고 옹호하는, 주권, 결정, 예외, 비상사태, 통치자, 군주, 군주의 독재, 규정된 독재, 친구-적 등과 같은 수많은 개념 가운데, 우리가 여기서 관심을 가지게 되는 핵심개념은, 통치자 이론과 "결정"의 개념에 깊이 관련된 '대표성'(representation)이다. 슈미트에 의하면, 하나님은 더는 보이지 않기 때문에 그는 지상에서 인간을 대표하는 자에게 세속적이고 영적인 모든 일을 결정하는 최고의 권위를 영구히 그리고 완전히 이양하기로 결심하셨다. 슈미트의 저작에서 매우 중심이 되는 이 개념은 군주적/권위주의적 체제에 대해서, 또 일종의 "황제의 신학"이나, 아래에서 보게 될 카이사레아의 에우세비오가 처음으로 저술했던 것과 유사한 군주제의 신학적 정당화에 대해서 그가 친밀감을 가졌던 것을 매우 분명하게 보여준다. 슈미트가 그의 신학에서 근본적으로 반삼위일체론적이고 전적으로 군주론적 신론에 기울어졌던 것은 주목할 만한데, 그는 삼위일체의 기독교 교리를 현상 유지에 문제를 만들고 위협

Romanticism, tr. by Guy Oaks (Cambridge, MA: the MIT Press, 1986); *La dictature, traduit de l'allemand par M. Köller et D. Séglard* (Paris:Seuil 2000); *La valeur de l'état et la signification de l'individu, Traduction et notes par Sandrine Baume* (Genève:Librairie Droz, 2000); *State Movement, People: The Triadic Structure of the Political Unity*, tr. by Simona Draghici, Corvallis (Plutarch Press, 2001); *Constitutional Theory,* tr. by Jeffrey Seitzer (Durham, NC: Duke University Press, 2008); *Legality and Legitimacy,* tr. by Jeffrey Seitzer (Durham, NC: Duke University Press, 2004); *Crisis of Parliamentary Democracy*, tr. by Ellen Kennedy (Cambridge, MA: MIT Press, 2000).

하는 것으로 생각했기 때문이다. 이것은, 하나님의 일체성을 보호하는 일에 나란히 헌신함에도, 삼위일체의 개념이, 친왕정주의 관점으로 이끌지는 않고, 세 신적 인격 사이의 차이와 대화를 불러들이기 때문이다. 군주제를 위협하는 삼위일체론을 배격하는 일에, 슈미트는 홉스의 친아리안주의 신학적 관점을 따른다. 성자를 피조물의 지위로 종속시키는 그러한 급진적 절대적 유일신론은 타고난 독단론자이자 동시에 절대론자이다. 이 속성들에 비추어, 철저한 유일신론이 자신들을 선뜻 창조된 그리스도의 대리인으로 간주했던 로마제국의 서방 및 동방 황제들에 의해 즉시 채택된 것은 결코 우연한 일이 아니다. 많은 사람들이 교회사의 설립자로 여기는 거의 아리안파 주교인 카이사레아의 에우세비오가 산출해낸 이 "정치신학"의 특정판 은 소위 비잔티움 황제교황주의(Byzantine caesaropapism)의 머릿돌로 기여했다고 믿어지는데, 그것에서 샘솟은 정치적 사상 속에서 황제는 하나님의 지상 대표자로 그리고 정치적 기능을 수행한 "사도들과 동등한 자"로 간주되었기 때문이다.[10] 많은 당

---

10 분석과 명백성에 대해서는 다음을 보라: Francis Dvornik, *Early Christian and Byzantine Political Philosophy. Origin and Background* (Washington, DC: The Dumbarton Oaks Center for Byzantine Studies, Trustees for Harvard University, 1966), 특히 v.II, 614ff; Gerhard Podskalsky, *Byzantinische Reicheschatoligie* (München: Fink Verlag, 1972); Hélène Ahrweiler, *L'idéologie politique de l'empire byzantin* (Paris: Presses Universitaires de France, 1975); Steven Runchiman, *The Byzantine Theocracy* (Cambridge New York: Cambridge University Press: 1977). 또한 다음의 최근 저작도 보라: Anthony McGuckin, *The Orthodox Church:*

대의 정교회 신학자들에 의하면, 교회-국가 관계의 적절한 모델인 비잔티움의 신정(神政)과 상호협조(synallelia)는 중요한 신학적 추이와 분리해서는 생각할 수 없다는 것을 명심해야 할 것이다.[11]

위의 모든 것에 비춰볼 때, 슈미트가 종말론에 몹시 적대적이었다는 것은 전혀 놀랄 만한 일은 아닌데, 종말론은 미래에 대한 개방성, 새로워지고 또 더 정의로운 미래에 대한 희망과 기대 그리고 용서와 화해의 세계를 내포하기 때문이다. 마찬가지로 그가 "자유주의적/사회적 민주주의와 진보적 사고를 보통 적그리스도와… 관련시킨다"는 사실도 역설적이지 않다.[12]

궁극적으로 나치즘과 독재정치에 대한 이론적 정당화와—한때—옹호로 귀결된, 친왕정 비전이었던 이 극단적 보수에서, 슈미트는 드 메스트르(de Maistre)와 볼랑(Boland) 같은 프랑스

An Introduction to its History, Doctrine, and Spiritual Culture (Malden, MA: Blackwell, 2008), 380-398. 여기서 우리가 다루고 있는 문제에 대한 보다 주의 깊고 균형 잡힌 접근을 우리는 보게 된다. 또 다음 글도 보라: Savas Agourides, "The Roots of the Great Idea," in Agourides, *Theology and Society in Dialogue* (Athens, 1999), 15-22 ; Thanos Lipowatz, *Political Theology and Modernity*, in Thanos Lipowatz, Nikos Demertzis, & Vasilliki Georgiadou (eds.), *Religious and Politics in Modernity* (Athens: Kritiki , 2002), 122-124.

11 synalleliа라는 용어는 동로마 정치모델로부터 기원하며, 특히 정교회적 상황에서 교회와 국가 간의 특별한 관계를 보여준다. 그것은 교회의 일원이자 동시에 국가의 국민 혹은 시민인 민중들을 위하여 이 두 독특한 제도 간의 충실하고 상호적인 협조를 언급했다.

12 Thanos Lipowatz, "Political Theology and Modernity," 122-123.

의 반혁명 가톨릭 변증론자는 물론 스페인의 보수적 가톨릭 이론가 도노소 코르테스(Donoso Cortés)의 이론까지 포함시켰다.[13] 이 모든 인물에게, 계몽주의와 현대성 그리고 모든 인권 개념은 절대악과 인간의 타락을 나타내는 것이며, 현대 민주주의의 "원죄"였다.[14] 슈미트는 이들에게서 왕정주의를 "유신론"과 기독교와 동일시하는 것은 물론 민주주의와 정치적 자유주의에 대한 전투적 반대이론을 빌려 온다.[15] 이런 헌신의 연장선 속에서, 슈미트는 (그가 프랑코 통치하의 파블로나와 사라고사에서 강의를 연속하는 상황에서) 1962년 뒤늦게, 스페인 내전이 "국제 공산주의자 운동의 지원을 받은 민족 해방 전쟁이었다"고 선

---

13 슈미트는 그 책의 4장과 마지막 장을 이 사상가들에게 헌정한다. "On the Counterrevolutionary Philosophy of the State," 53-65을 보라. 또 Carl Schmitt, *Political Theology* 그리스어판 "후기"에 언급한 Panayiotis Kondylis의 논평(166ff)도 보라. 또 다음 글도 참조. Thanos Lipowatz, "Political Theology and Modernity," 119ff. Jacob Taubes, *The Political Theology of Paul*, 67-68.

14 Thanos Lipowatz, "Political Theology and Modernity," 119. 디아스포라인 러시아 철학자 Nicholas Berdyaevd(그의 잘 알려진 기독교적이고 혁명적인 연민과 함께)와 이 철학자들(특히 de Maistre)의 저술 관계에 대한 연구가 필요하다. 이 점에 관해서 Schmitt의 정치신학에 대한 Hugo Ball의 비판적 접근은 약간 흥미롭다. Ball은 비잔틴 기독교와 교부들의 사상에 대한 관심으로 잘 알려져 있다. H. Ball, "La théologie politique de Carl Schmitt," traduit et annoté par André Doremus, *Les Etudes Philosophiques* (janvier, 2004), 65-104도 보라. 또한 다음 글도 참조: André Doremus, "La héologie politique de Carl Schmitt vue par Hugo Ball en 1924," *Les Etudes Philosophiques*, 57-63.

15 초기의 개관에 대해서는 많은 것들 가운데서도 Panayiotis Kondylis의 Carl Schmitt, *Political Theology* 그리스판, 후기(166-169, note 22)를 보라. 그것은 이들과 다른 사상가들의 저작에서 인용한 내용을 많이 포함하고 있다.

언하기에 이르렀다.[16]

하지만 여기서 나는 다음과 같은 것을 언급해두어야 하겠다. 즉 나치즘과 국가사회주의에 슈미트가 적극적으로 참여한 것은(처음에는 국가사회주의당[黨]의 법률 고문으로, 이어 나치 제국의 초기 15년 동안 국가 고문과 공식적 법률 이론가로, 나중에는 국가사회주의 변호사협회의 회장으로, 1934년 이후로 Deutsche Juristen-Zeitung의 편집장으로, 마지막으로 유대 정신의 모든 자취를 독일법에서 일소하려고 노력했던 반유대인의회의 지도적인 조직가이자 창시자로 활동했다) 이 연구의 범위를 훨씬 넘는 광범위한 문제를 보여준다. 그의 관여는 인종적인 편견의 결과는 아니었지만, 종교적으로 유대교에 대한 반대가 동기가 되어 야기되었다는 것만 간단히 언급해두기로 한다. 이 미묘한 구분은 왜 일찍이 1936년에 그의 반유대주의의 진실성에 대한 회의적이었던 나치 제국이 그를 기회주의자라고 비난했는지 그리고 많은 중요한 지위를 박탈하고, 그에게 부여했던 다양한 직책과 영예를 몰수했는지를 설명하는 데 도움이 될 것이다.

---

16 Carl Schmitt, *Theory of Partisan*, 56. 여기서, 그가 스페인에서 행한 두 강의가 증보된 형태로 출판되었다. 위의 언급에서, 칼 슈미트가 우파, 극우 그리고 친군주제의 매혹적 근원이 된—또 그것이 지속된—이유가 분명해질 것이다. 아마도 예기치 못했던 것—그러나 (비록 우리가 여기서 그것을 천착할 수는 없지만) 그것을 설명할 수는 있는—은 그의 사상과 정치적 이론이, 신좌파의 등급 가운데서는 물론이고, 통상적으로 반의회적인 환경에 처하는 극좌에도 동등하게 여겨지는 매력이다. 이 논의에 대한 소개는 다음을 보라: Jean-Werner Müller, *A Dangerous Mind: Carl Schmitt in Postwar European Thought* (New Haven, CT: Yale University Press, 2003).

이제 현대성에 대한 모든 쟁점에 관련하여, 슈미트의『정치신학』과 비상사태에 관련된 그의 이론은 다 설사 현대성과 세속주의의 철저한 부정이나 반응에 의해서일지라도, (그 용어의 사회학적인 의미에서는) 현대성과 세속화의 맥락 밖에서는 생각할 수도 없다는 것이 충분히 명백해질 것이라고 나는 생각한다. 슈미트의 정치신학은, 그것이 철학과 법률 이론으로부터 도출된 주장에 의거하지만, 한편으로는 기독교와 신학, 심지어 형이상학을 말하기도 하는데 명백히 반현대적인 입장을 반영하고 있다. 여기서 슈미트가 초기에는 한스 켈젠[17]으로부터, 수십 년 후에는 한스 블루멘베르그[18]로부터, 그의 저작에 대한 심각한 비판을 받았는데, 그들 모두 기독교의 세속화 및 현대성과의 관계에 대해서 더 긍정적인 접근법을 취했다. 마찬가지로 앞에서 보았듯이 그의 왕정주의와 반민주주의적 성향들과 직접적으로 연관이 있는 아리우스주의와 반삼위일체론적 견해는 개신교에

---

17 Hans Kelsen, "Gott und Staat," *Logos* 11 (1922~23), 261-284. 그리고 새로 편집된 Hans Kelsen, *Staat und Naturrecht: Aufsätze zur Ideologie- kritik,* hrg. E. Topitsch (Munich: Fink Verlag, 1989), 29-55. Jacob Taubes, *The Political Theology of Paul,* 66-67 참조.

18 Hans Blumenberg, *The Legitimacy of the Modern Age*, tr. by Robert M. Wallace (Cambridge, MA:MIT Press, 1983). 다음 글도 참조: Wolfhart Pannenberg's remarks in "Christianity as the Legitimacy of the Modern Age: thought on a Book by Hans Blumenberg," in W. Pannenberg, *Basic Questions in Theology*, v. 3 (London: SCM Press, 1973), 178-141. 또한 다음 것도 참조. Jacob Taubes, *The Political Theology of Paul,* 68-69.

서 로마가톨릭으로 개종한 독일의 신학자 에릭 피터슨으로부터 신학적 정치적 양면에서 반박을 받게 되었다. 에릭 피터슨은 초기기독교와 교부들의 사상에 관한 연구로 잘 알려졌는데, 그가 1935년 저작한 『정치적인 문제로서 유일신론 *Monotheismus als politisches Problem*』[19]에서 기독교는 삼위일체 신앙으로 지배와 통제의 권위주의적 정치에 대한 도덕적 원리나 이론적 정당화를 제공하는 것을 허용하지 않는다고 강조한다.

전술한 바와 같은 슈미트와 그의 정치신학에 관한 다소 예비적인 묘사는, 적어도 나에게 중요한 요점으로 다가온 것을 강조하는 데 목적이 있다. 독일 법률 이론가가 지지한 이론에 대해 전혀 동의하지 않음에도 불구하고, 나의 분석은 흔히 등한시되었지만 실제적인, 신학적인 개념과 정치적인 개념 간의, 그리고 마지막으로는 신학적이고 정치적인 개념들과 구조들에 관한 관련성과 유사성에 대한 새로운 주목을 이끌어내도록 의도된 것이다.[20] 내가 아는 바와 같이, 슈미트의 입장의 많은 측면은 여기서 우리의 의도를 위해서는 다음과 같이 요약될 수 있다:

---

19 Erik Peterson, *Der Monotheismus als politisches Problem:ein Beitrag zur Geschichte der politischen Theologie im Imperium Romaanum* (Leipzig: Henger Verlag, 1935).

20 신학적인 그리고 정치적인 구조물(이론) 간의 그러한 관계의 전체적 다양성의 모델과 예표론(豫表論)에 대해서는 다음 책을 보라: Kathryn Tanner, *The Politics of God: Christian Theology and Social Justice* (Mineneapolis, MN: Fortress Press, 1992).

ⓐ 하나님과 군주 간에, 기독교와 군주제 혹은 제국 간의 구조적인 유사성, 그리고 기적과 비상사태 간의 유사성에 의해 나타난 것처럼, 과두제 지배자와 독재정치에 대한 슈미트의 결과적인 선호이다. ⓑ 현대성과 개인적인 인권의 부정을 향한 체계적인 적대감, 다시 말해서 사회적 조직체의 중세적, 근대 이전의 배경에 관한 그의 뚜렷한 편애이다. 이 부분에서 그의 사상은 바로 시작부터 정치신학에 대한 그의 이론이 권위주의적이고 중세적인 과거에 대한 헌신과 그것으로의 귀환을 향한 전투적인 요구에 의해서, 그리고 예를 들면 공적인 영역과 사적인 영역 사이의 중대한 구분(본서의 제4장에서 우리를 사로잡게 될 주제)을 하는 현대성의 성취를 부정함으로써 (민주적인 전망에서) 심각한 문제가 있다는 것을 보여준다.

이 보수적인 독일의 가톨릭 법철학자에 대한 글을 자세하게 읽으면, 종교적 지성인에게 일반적으로 극우의 권위주의적인 관념으로 기우는 보편적인 경향이 있다는 것을 사람들은 깨닫게 된다. 물론 이러한 경향이 서방의 기독교 국가에서 독점적이었다는 구실 하에서, 그리스의 정교회는 이 모든 것을 습관적으로 무시한다. 비잔티움의 과거와 터키의 포로가 된 결과로서 정교회는 이러한 경향에 의해서 영향을 받지 않았고 그러기에 서방교회의 잘못으로부터는 대부분 결백하다는 동의가 이루어졌던 의견일치가 나오게 되었던' 60년대 초반으로 그들의 뿌리를 추적하는 그리스의 정교회 신자들 가운데서는 특히 일반적인 생각이었다. 하지만 이러한 일반적인 신앙은 그것의 단순성에서부터 잘못된 것이지만 비판적인 검토와 정밀한 조사를 견딜 수 없고, 결국 우리는 동방교회 또한 유사한 경향에 빠졌다는 것을 보게 될 것이다.

이제 슈미트에 의해 설정된 방법으로 신학과 정치학은 물론 신학과 법률 간의 구조적 유사성으로 되돌아가면, 내가 방금 언급한 것처럼, 우리는 자신들의 전통 속에도 그러한 경향이 없지 않다는 것을 인정해야만 한다. 하나의 예를 들자면, 카시아니 수녀가 지은 크리스마스 저녁기도 예배의 잘 알려진 두 번째 성가에서, 방금 언급한 맥락을 따라 한편으로는 민주주의와 다신론을, 다른 한편으로는 군주제 및 일신론과 기독교를 연계시키는 식으로 신학적 개념과 정치적 개념 간의 구조적 유사성을 분명히 보여준다.

> 아우구스투스 황제가 지상에서 혼자 통치했을 때, 인류의 많은 왕국이 종말을 고했다. 그리고 당신이 무구한 동정녀로부터 인간이 되셨을 때, 우상숭배의 많은 신이 파괴되었다. 세계의 도시들은 단 하나의 통치하에서 세월을 보냈다. 그리고 여러 민족은 유일한 신의 존재를 믿게 되었다. 여러 민족은 로마 황제의 포고에 의해 명부에 등록되었다. 신앙심 깊은 사람들은 하나님의 명부에 등록되었다. 그때 오, 우리 하나님, 당신은 인간이 되셨습니다. 주여, 당신의 자비는 위대합니다. 당신에게 영

광이 있으시길![21]

이 주제에 대해서 고(故) 사바스 아고라이즈 고대 그리스어 교수가 한 논평이 대단한 깨우침을 주고 있다. 우리가 이미 참조한 바와 같이 비잔티움의 세속화된 종말론에 대한 게르하드 포즈칼스키의 저작에 의거하여[22], 아고라이즈 교수는 카이사레아의 에우세비오가 기독교를 군주제/제국과 연계시키려는 것에 대해 구체적으로 언급한다.

> 이 모든 것이 무엇에 관한 것인지를 적절하게 파악하기 위해서 우리는 다음과 같은 것에 주목할 필요가 있다: 비잔티움은, 헬레니즘의 문화와 행정과 입법에 있어서 로마의 경험을 물려받은 것은 물론이고, 기독교를 통해서 택함을 받은 민족에 관한 히브리인들의 성서적 관념의 상속인이기도 했다. 무엇보다도 비잔티움은, 아우구스투스의 치세 기간 중 그리스도 탄생의 결과로서 '그리스도의 영원한 왕국'에 대한 성서적 희망은 그것이 예언자들에 의해 예언된 것처럼 실현되었다는 신앙을 포함시켰다. 하지만 그것은 마지막 유대왕국의 형태가 아니라 로마제국의 형태로 이루어졌다. 비잔티움과 비잔티움 이후 시대 내내

21 Archimandrite Ephrem (Lash)의 영역. http://www.anastasis.org.uk/25decves.htm.

22 Gerhard Podskalsky, *Byzantinische Reicheschatologie* (München:fink Verlag, 1972), 41.

여전히 지배적인 것은 이러한 "종교적·정치적" 이데올로기인데, 결코 그와 같이 공개적으로 완전히 선언된 것은 아니지만, 여러 비잔티움의 책들에서 빈번히 암시되었다. 다니엘서의 2장과 7장에 대한 모든 비잔틴주석은, 다니엘에 의하면 메시아의 왕국에 선행하게 되는 네 개의 왕국들을 해설하는 데 있어서 네 번째 왕국을 로마와 동일시했으며, 아우구스투스의 통치와 그에 뒤이은 비잔티움 제국을 메시아와 그리스도의 왕국으로 선언했다. 니케타스 헤라클레이스가 누가복음 주석집(catenae)에 보존한 에우세비오의 어떤 주석 구절에서, 에우세비오는 다니엘서를 로마 군주제와 그리스도의 탄생과 "네 번째 왕국"을 한 덩어리로 묶는 데 이용했다. 에우세비오에게는 비잔티움과 기독교의 관점에서 로마가 모든 민주정치와 다양한 권력을 폐하고, 아리스토텔레스의 공화국에 대한 관점에 따른 정치적 이미지로서 "단일한 군주국가"를 설치한 것은 대단히 중요한 것이었다. 그다음 세대의 저자들은 로마의 통치를 그리스도의 통치와 동일시하는 데로 한 걸음 더 나아갔다. 시나이의 아나스타시우스가 남긴 『질문과 대답』(*Quaestions et Responsiones)*에서 익명의 대화자는 "그리스도는 모든 국가들과 언어들을 한데 모았고, 독실한 기독교인들의 국가와 로마인이라고 불리는 사람들의 마음속에 간직된 새롭고 적합한 이름을 만들었다"고 했다.[23]

---

23 Savas Agourides, "The Root of the Great Idea," in Agourides, *Theology*

신학과 정치를 상관시키는 이 특정한 예는—슈미트의 과정을 뒤집어 신학에서 정치가 아니라 정치에서 신학으로—우리로 하여금 통시성과 보편성, 심지어는—감히 말한다면—일반적으로 비잔틴 그리고 정교회의 성가의 어떤 부분의 "정통성"에 관해서도 진지하게 생각하게 만든다. 앞에서 인용한 예는 비잔틴 신학과 정치적 이데올로기의 과정에서 드물게 일어나는 일은 아니다. 오히려 그것은 신학에 그 뿌리를 두고 있는 세속화된 정치적 종말론과 일치한다. 우리는 많은 훌륭한 역사가들과 신학자들(예를 들어 프란시스 두보르브니크, 게르하르트 포즈칼스키, 한스-게오르기 벡, 헬렌 아르바일러, 게오르기 플오로프스키, 사바스 아고라이즈)의 저작을 따르면서 이제 다음과 같은 사실을 알게 된다. 즉 비잔티움사람들은 그들의 국가와 그들의 사회가 지상에서 하나님의 왕국의 가시화라고 믿었다는 것이다. 런시먼은 그의 고전적 연구『비잔티움의 신정(神政)』의 서두에서 이것을 아주 명백히 언급한다. "제국의 구조에 대한 설명으로서… 천상의 왕국의 지상의 복제품이라는 분명한 종교적 확신에 토대한다"고 서술했다.[24] 이러한 매끄러운 정치적 · 신학적 통찰

---

and Society in Dialogue, 16-17. 같은 저자의 다음 글 참조: "Religious Eschatology and State Ideology in Byzantine Tradition, the Post-Byzantine Era, and the Modern Greek State," in Agourides, *Theology and Current Issue* (Athens: Artos Zois, 1966), 53-54.

24 Steven Runchiman, *The Byzantine Theocracy* (Cambridge New York: Cambridge University Press, 1977), 1.

에 있어서, 황제는 그리스도의 위치에 있었고 그의 왕국은 천상 왕국의 반영이었다. 아고라이즈가 언급하는 것처럼 "비잔티움의 국가는 특히 이전에는 유스티니아누스 시대로부터, 뒤이어 그것이 유대인의 묵시문학의 노선을 따라 […] 그것 자체를 하나님의 왕국에 대한 종말론적 서곡과 같은 그러한 기독교적 희망의 최종적인 실현으로 간주한다."25 이러한 관점에서 우리는 분명히 "실현된 종말론"(정치적 또는 세속적 형태)의 특정한 형태를 마주하게 되는데 "이미"와 "아직 아니"라는 긴장은 대부분 잃어버렸는데, 말하자면 그리스도의 초림과 재림 간에, 그리스도의 부활과 우리 자신의 부활에 대한 기대 그리고 우리의 인격적 불후성(不朽性)과 죽음의 지배의 종말을 알리는 역사적 재현 같은 것이다. 그러한 관점은 그리스도의 부활과 우리 자신의 미래 부활이라는 두 가지 주요한 기독교의 이정표 간에 놓인 필수적 중간시기의 "사이에"와 "그때까지"26를 놓쳐 버린다. 이것은 종말의 토대 위에서 우선성이 결정되는 모든 기독교인의 선택과 가치에 대한 기준으로 기여한다. 기독교인들은 끊임없이 종말을 향해 움직이면서도 27성서의 가르침에 따라 "세상 속에 있

25 Savas Agourides, "Religious Eschatology and State Ideology in the Tradition of Byzantium, of the Post-Byzantine Era and of the Modern Greek State," in Agourides, *Theology and Current Issue*, 53.

26 Savas Agourides, *"Religious Eschatology,"* 53.

27 다음 것을 참조: "그러나 우리의 시민권은 하늘에 있습니다"(빌 3:20); 또한 "이 땅 위에는 우리가 차지할 영원한 도성이 없습니다. 다만 앞으로 올 도성을 바라고 있을 뿐입니다"(히 13:14).

으면서도 세상에 속하지 않는" 그러한 "이방인과 유배자"들이다(베드로전서 2:11). 다시 한번 기독교인으로서 우리가 잃고 있는 것은, 그것으로부터 현재의 정체성과 본질, 의미와 목적을 취하게 되는 다가올 새로운 세계를 향해 초점을 맞추고 지향하는 것이다. 이러한 성서적 종말론과 미래에 대한 능동적 기대와 개방성이 없다면 심지어 그리스도의 재림까지도 단지 하나님 나라가 비잔티움과 더불어 이미 실현되었다는 단순한 확인으로 환원될 것이다. 이리하여 우리는 여기서 독특한 정치신학, 정치적 종말론, 또는 국가에 관한 종말론적 이데올로기에 직면했다.[28]

비잔틴의 경우에 있어서 칼 슈미트의 주석을 의거해 보면, 우리는 종말론의 종교적 형태, 역사의 최종 형태의 상을 지니고 있는데, 그것은 역사적이고 정치적인 실체인 비잔틴제국과 동일시되었다. 카이사레아의 에우세비오는 이러한 독특한 정치신학의 창시자로 여겨지는데, 하지만 그보다 앞선 기독교 저술가들 즉 저스틴, 타티안, 안디오크의 테오필루스, 아테나고라스, 사르디스의 멜리토, 오리게네스, 테르툴리아누스, 락탄티우스, 키루스의 테오도로스 그리고 후에는 연대기 편자들인 수사(修士) 조지(George the Sinner로 알려져 있는), 레오 그라마티코스, 테오도시우스 멜리테노스, 게오르기 케드레노스, 요한 스킬리츠 등이 먼저 그러한 정치신학을 전개했다.[29]

---

28 Savas Agourides, "Religious Eschatology," 53.

런시먼이 언급하는 것처럼, "에우세비오가 삼위일체에 관한 그의 신학에서 제1위 우위론자(성자 종속론자)였다는 것은 의미심장한 일이다. 그가 황제를 삼위일체의 이 땅에서의 발현으로 포함하기 위해서 성자종속론을 확대하는 것은 당연한 일이었다."[30] 기독교 제국과 황제의 신성한 임무에 대해서 신학적 정당화를 제공했던 에우세비오에게 있어서는 로마/비잔티움 제국의 정치적인 일치와 종교적인 일치는 직접으로 연관되어 있다. 제국의 위대함과 기독교의 승리는 한 묶음이다. 이러한 관점에서 그리스도는 "세상의 주님"이자 "여러 민족의 통치자"이며, 지상에서 그의 성상(聖像, icon)은 하나님의 종으로서의 황제이다. 즉 에우세비오의 아리우스주의/종속론의 영감을 받은 통찰에 의하면, 성부 하나님은 성자-말씀에게 세상의 지배권을 주셨고, 그것을 다시 지상의 왕/ 황제에게 양도했는데, 그의 왕국은 성자-말씀의 왕국을 반영한다. 이것은 콘스탄티누스 대제에 대한 헌정 연설에서, 왜 콘스탄티누스가 우주의 아이콘이자 말씀이신 그리스도의 모방자이며 성부 하나님과 성자이자 말씀 하나님 간의 관계를 반영한다고 에우세비오가 선언했는지를 설명해준다.[31] 여기에서 세속적인 권위의 신성화(聖化)와 국가의 우상숭배적 신성화는 명백한데 이는 또한 이교(異教)적

29 Francis Dvornik, *Early Christian and Byzantine Political Philosophy*, v. II, 611 ff. ; Savas Agourides, "The Roots of the Great Idea," 16.

30 Steven Runchiman, *The Byzantine Theocracy*, 24

31 Savas Agourides, "The Roots of the Great Idea," 16.

헬레니즘과 동방 모델이 기독교적 세계관으로 통합된 것이다. 에릭 피터슨은 그의 고전적 저작 『정치적 문제로서의 유일신론』(*Der monotheismus als politisches Problem*, 1935)에서 이러한 정치적 · 종교적 이데올로기의 건설이 사실상 기독교적인 것은 아니라고 논증했다. 앞에서 언급했듯이, 그는 명백히 슈미트의 이론에 반대하며, 흥미롭게도 경멸적 어조로 "정치적 아리우스주의"라고 칭한다.[32] 피터슨은 황제들의 신성화를 비기독교적 영향들(헬레니즘적, 유대적, 로마적)의 유입과 연계할 뿐만 아니라, 삼위일체교리의 토대 위에서 슈미트의 정치신학의 근거를 논박하기까지 한다. 본질적으로, 피터슨은 다음과 같이 제안했다. 삼위일체에 토대를 둔 기독교의 진정한 정치신학은 실제로 종교와 정치의 불경한 연합을 약화시켜야만 하며 대신 신학적 지원을 제공해야 한다. 피터슨에 의하면, 삼위일체의 하나님에 대한 기독교인의 신앙은 모든 종류의 정치적인 지배의 부정으로 인도하며, 궁극적으로는 칼 슈미트류의 "정치신학들"에 관한 모든 환상을 분쇄한다.[33] 에우세비오의 관점은 되풀이해서

---

32 주로 에우세비오에 의해 대표된 비잔티움의 정치 이상과 아리아니즘과의 이러한 관련에 대해서는, 특히 Ann Elizabeth Millin의 연구인 다음 책 참조: *Byzantine Political Theology and Arian Christology* (Vanderbilt University, 1985).

33 다음 책을 보라: Erik Peterson, *Der Monotheismus als politisches Problem:Beitrag zur Geschichte der politischen Theologie im Imperium Romanum* (Leipzig: Henger Verlag, 1935). 또 다음 영역도 보라: Erik Peterson, "Monotheism as a Political Problem: A Contribution to the History of Political Theology in Roman Empire." 이 글은 Michael J.

제국의 동방지역에서의 저항과 마주쳤는데, 그곳에서는 교부들과 수도사들이 황제 권력의 신성화와 그것의 그리스도론적 토대를 부정하지는 않지만, 황제의 세속적 권력에 대한 교회의 복종요구와 보다 중요하게는 신학적이고 교리적인 쟁점에 개입하려는 황제의 기도를 반대했다는 것을 지적해 두어야 한다. 그리고 비잔티움에서 교회와 국가가 협조와 병행하여, 총대주교와 황제, 혹은 교회(주로 수도원)와 제국 간의 예시처럼, 영적 권력과 세속 권력 간의 끊임없이 변증법적 긴장 관계가 만연했다는 사실을 우리가 잊어서는 안 된다.[34]

다시 슈미트의 논제와 그 논제들이 파시즘, 극우(極右)주의, 비슷한 권위주의적이며 과두정치적인 정부의 모델과 친화적인 것으로 되돌아가 보면, 우리는 비잔틴 정치신학뿐 아니라 널리 퍼진 그리스의 "정교회 옹호운동"에 대해서도 추가로 언급해야

Hollerich가 편역하고 주와 서론을 쓴 Erik Peterson의 *Theological Tractates* (Stanford, CA: Stanford University Press, 2011)에 수록되었다. Gilles Dorival가 라틴어와 그리스어를 공동작업하고 Anne-Sophie Astrup가 독일어에서 불어로 번역한 *Le monothéisme: un problème politique et autres traités* (Paris: Bayard, 2007)도 보라. J.- C. Monod, *La querelle de la sécularisation: théologie political que et philosophies de l'histoire de Hegel à Blumenberg* (Paris: Vrin, 2002) 참조.

34 이 독특한 요점에 대해서는 Georges Florovsky의 저술을 모은 *Christianity and Culture*, Vol. 2 (Belmont, MA: Nordland, 1974), 67-100에 수록된 그의 예리한 분석 "Antinomies of Christian History: Empire and Desert"를 보라. 이 글은 황제의 권력과 기독교 규범의 관계에 대한 그리고 더욱 일반적으로는 비잔티움에서 교회·국가 관계에 대한 복잡성과 애매성을 두드러지게 강조한다.

하는데, 그것이 제대로 이데올로기적 일관성을 분명히 결여하고 있긴 하지만, 여전히 그리스에서 —내가 알고 있는 한— 또한 다른 정교회 국가들에서도 상당한 영향을 발휘하고 있다. 이 운동에는 신학, 사회과학, 문학, 예술 분야의 많은 인물이 참여했으며, 적어도 부분적으로는 60년대의 신학적 세대의 정신과 소위 신(新)정교회운동(교부들의 전통으로의 회귀, 민중과 그리스의 독특성으로의 회귀, 계몽주의, 현대성 등)과 관련되어 있다. 그리스의 정교회 옹호운동의 잘 알려진 대표들은 (그들 간에 다양한 편차가 있음에도 불구하고) 코스티스 바스티아스, 파나이이오티스 크리스토우, 트리키스와 스타곤의 대주교, 디오니시우스, 디미트리오스 티라이오스-코초이야노풀로스, 요한 로마니데스 신부, 테오도로스 지시스 신부, 아타나시우스 안젤로풀로스 등이다(고故 히에로니무스 코초니스 아테네 대주교, 에반젤로스 스드라카스 전前 데살로니가의 아리스토텔레스대학 총장이자 신학 교수는 말할 것도 없지만, 하지만 그들은 위에 언급한 정교회를 옹호하는 학자들과 또는 '60년대의 세대와 동일한 관심을 공유하지는 않았다). 이 사람들을 연결하는 공통적 가닥은 극우와의 제휴인데, 특히 이오안니스 메탁사스(1936-1941), 조지오스 파파도풀로스/ 디미트리오스 이오아니디스(1967-1974) 그리고 그들의 이데올로기적 후예들의 독재 체제와의 제휴이다. 물론 이러한 운동의 극우 및 권위주의적인 체제와의 특별한 연계에 대한 역사적이고도 신학적인 철저한 검증은 아직 끝나지 않았다. 대조적으로,

문제가 되고 있는 더 대중적이고 가시적인 현상은 주로 그리스에서의 군주제, 극우, 내전 이후의 그리스 경찰국가에 대해 변함없는 충성을 했던 경건한 종교적 운동(주로 "Zoe")으로 크리스토스 야나라스[35], 게오르기 이오아누[36], 그리고 최근에는 디미트리오스 팔라스[37]의 자서전에서 대중적으로 논의해 왔다. 이미 행해진 역사적, 사회학적 작업에 반대하는 전통적으로 정교회의 국가들 신학적 연구는, 그것의 사회적인 계층화의 근대 이전/중세의 형태에 대한 계속적인 열망은 물론이고, 정치적 자유주의, 민주주의, 인권의 원리들을 통합하는 데 있어서 어려움에 처한 것 같이 보인다. 러시아정교회와 같은 몇몇 교회들은, 발칸반도(예를 들면 루마니아, 불가리아, 세르비아)에서 정교회의 많은 사람들과 지도자들이 한 것처럼, 공개적으로 군주제 지지자를 옹호하는 정서를 가지고 있었다(러시아에서는 심지어 마지막 황제와 그 가족을 시성하기까지 했다). 우리 정교회에서는 이러한 쟁점에 관해서 공개적으로 거론하기보다는 침묵을 지켜왔고, 그래서 신학적 관점에서 고통스럽고 어려운 문제를 회피해 왔는데, 과연 이 문제가 역사적인 정교회 편에서 볼 때 우

---

35 Christos Yannaras, *Ideas as a Refuge* (Athens: Domos, 1987)와 Ikaros의 [6]2001년 신판.

36 George Ioannou, "And Christ Our Commander...," *The Refuges' Capital* (Athens: Kedros, 1984), 113-181.

37 Dimitrios Pallas, *Orthodox Christianity and Tradition:An Autobiographical Essay. With an Appendix on the April 21, 1967 Dictatorship*, ed. by Olga Gratziou (주석과 서론 포함, Heraklion University of Crete Press, 2005).

연하고 불운한 선택에 기인하는 것인지, 아니면 이런 경향이 정교회의 기독교적 전통의 바로 그 심장부에 놓여있는 고유한(본래적인) 문제를 반영하는 것인지에 관한 것이다. 그런데 그런 경향은 민주주의와 정치적 자유주의와 그리고 근대 이전의 권위주의적인 체제에 대한 동경과 영원한 향수를 고취하는 것을 양립할 수 없게 한다.[38]

이들 민감하고 참으로 괴로운 문제들을 다룸에 꼭 수반해야 할 자기비판에 대한 진실성과 자발성과는 별도로, 그것들이 답

---

38 Nikolas K. Gvosdev의 흥미로운 분석을 보라(*Emperors and Elections: Reconciling the Orthodox Tradition with Modern Politics* [New York: Troitsa Books, 2000]). 그는 아마도 몇몇 요소들을 이상화하는 동안에 정교회의 사회적 정치적 가치들이, 게다가 공의회와 개인에 대한 신학적 개념들도, 전통적인 정교회 지역에서 계속 출현하는 민주적 제도들과 민주적 근대 문화를 가로막지 않을 뿐만 아니라, 실제로 그것을 지지했다고 믿었다. 철저하게 다른 평가에 대해서는 Samuel Huntington의 고전적 저술 "The Clash of Civilizations?"(*Foreign Affairs,* vol. 72, No 3 [summer 1993], 22-49)을 보라. 또 이따금 신랄하게 비판하는 Sabrina P. Ramet의 "The Way We Were, and Should Be Again? European Orthodox Churches and the 'Idyllic past'"(Timothy A. Byrnes · Peter J. Katzenstein [eds], *Religion in an Expanding Europe* [Cambridge University Press, 2006], 148-175)도 참조하라. 참조. Pantelis Kalaitzidis, *Orthodoxy and Modernity: An Introduction* (Athens: Indiktos Publication, 2007), 102-103 [그리스어. Elizabeth Theokritoff의 영문판, St Vladimir's Seminary Press 근간]. 그리스 극우파의 기원과 이데올로기적 배경, 그 권위주의적인 가족주의 체제, 기독교 및 비잔티움에 대한 해설, 보수적인 전통의 가치(조국, 종교, 가족, 일, 질서, 규율, 안전, 국가공동체 등등), 또한 공산주의, 시온주의, 프리메이슨주의의 3개로 분열된 음모에 대해서는 다음 글을 보라. Despina Papadimitriou, "The Far-Right Movement in Greece, 1936~1949. Origin, Continuity Fractures," in Hagen Fleischer (ed.), *Greece 36-49. From dictatorship to Civil War: Breaks and Continuities* (Athenes: Kastaniotos, 2003), 138-149.

해지는 데에 있어서 가장 필요한 것은, 비록 "종교적인" 것들에 관한 것이 아닐지라도, 철저한 신학적 분석이다. 가장 필요한 신학적 분석은, 기독교의 중추가 되는 성육신은 물론 삼위일체의 교리를 형성하는 요소들을 포함해야 할 것이다.

우리가 알고 있는 바와 같이, 전통적 사회는 동양과 서양을 막론하고 권위와 지배의 구조의 신성화 위에, 종교적인 것과 문화적/정치적인 것이 혼합된 권위주의적 변형 위에 그리고 신성한 설화, 신성한 책과 법률 혹은 심지어 신성한 전통—이 경우에는 기독교 전통—에 대한 구조의 신성화 위에 토대 지어져 있다. 이리하여 그것을 정적(靜的)인, 기존의 유신론적/신권 정치적인, 계층적인, 중세의 모델의 분리할 수 없는 일부로 만들 정도로 권위와 타율(성)의 요소를 그들은 내재화했다. 신학과 사회 간에 명백히 상반되는 부정적 영향이 있었던 이 과정에서, 교회와 신학의 자발적인 동의가 자주 권위와 타율성의 신학으로 유도되었다. 그런데 그것은 이번에는 권력에 관해서— 종교에 대한 일치된 이해와 권력의 신성화를 지지했다. 즉 교회는, 외적으로 위로부터, 사회 위에 놓였고, 모든 종류의 사회적 금지가 신성시되었다. 이 모든 것은 기본적으로 삼위일체신학과 성육신신학이 힘들여 쟁취한 "수확"을 도로 동요시켰고, 십자가의 사건과 빈 무덤의 신비를 무효화했다. 즉 바로 그 하나님의 존재는 친교이고 사랑이라는 관념과 삼위일체론적인 하나님 자신은 단지 친교와 사랑의 대사건으로서 존재한다[39]는 삼위일체

신학의 기본적인 함의(含意)는 이렇게 해서 잊혀졌다. 성부 하나님에 대해서, 해방하고 사랑하는 아버지 직분[40]을 가리키지 않고, 프로이트의 징벌하고 복수심에 불타는 아버지와 같은 "사디즘적인 아버지"신드롬(증후군)과 연계하여 기존의 질서를 옹호하는 경찰관 신(神)을 언급하는 것으로 귀결된다.[41] 신학과 영성은 이리하여 역설적이고 모순적인(antinomic) 특징을 잃어버리고 신약성서 이전의 "종교적인" 권위주의의 모델로 복귀했다. 한편 기독교적 도덕성은 결론적으로 법률의 정신, "타자-결정론"과 외부로부터 부과된 "덕"에 연계되기에 이르렀다. 그런데 기독교적인 성육신의 관점에서 하나님은 외적인 권위나 법적 강제를 통해서는 자신을 내세우지 않으신다. 그 대신 하나님은 성육신하시고 십자가에 달리시며 부활한 아들로서, 하나님의 말씀으로서의 예수 그리스도의 인격을 통해서, 내적인 현존으로서, 케노시스(kenosis)와 에로스(eros)의 자기봉헌으로서, 사랑과 자유로서 오시는데, 선택과 영생, 하나님과의 일치를 통해서 인간과 하나님의 화해를 부여하며, 그들을 자신과

---

39 John D. Zizioulas, *Being as Communion:Studies in Personhood and the Church* (Crestwood, New York: St Vladimir's seminary Press, 1985) 참조.

40 Oliver Clément, Conversation with Ecumenical Patriarch Bartholomew I, trans. Paul Meyendorff (Crestwood:St Vladimir's seminary Press, 1997), 117 참조.

41 "sadistic father" syndrome에 대해서는 Oliver Clément의 신학적 분석, *Theology after the Death of God: Essays toward an Orthodox Response to Modern Atheism* (Athens: Athena Publications, 1973, 53 ff.)를 보라.

의 친교와 관계 속으로 부르시며, 그들에게 성(聖) 삼위일체의 삶의 양식에의 참여 가능성을 제공해주신다. 이 삼위일체의 삶의 양식은 예수 그리스도가 계시한 것처럼, 도의상 평등하고 서로 간의 사랑 속에서 서로 관통하는 신적 위격들의 사랑과 친교이다. 여기서 우리는 그리스도 안의 새로운 현실과 입양에 의한 아들됨의 현실에 의해 그리고 하나님의 구성요소이시며, 특히 전형적 "타자"(Allos)이고 동시에 그리스도 예수를 통해서 본질적으로 인간존재에 가까운 삼위일체 하나님과의 관계와 친교로의 부르심에 의해 결정된 새로운 관점을 가지게 된다. 그리고 이러한 전망에서 자율에 대한 요구는 자기 언급과 이기적이고 자기중심적인 자기 확신에 의해 정의되는 것이 아니라, 타노스 리포와츠의 말을 빌리면, 유한한 주체의 차명(借名, allonomy)에 관련된다.[42] 다시 말해서 그것은 그 주체의 하나님, 무한하고 전형적 "타자"와의 자유로운 관계에 관련된다. 그런데 그것

---

42 Thanos Lipowatz, "Modernity and Secularization" ([그리스어]. in P. Kalaitzidis [ed.], *State and Church* [Volos Academy for Theological Studies, Winter Program 2005~06, 출판 중], 이미 나온 *Nea Hestia* 1837 [2010. 10])을 보라. 입양이 타율-자율 양극에 관련되는 방식에 대해서는 (Wolfhart Pannenberg의 "Die Christliche Legitimität der Neuzeit" [*Gottesgedanke und menschliche Freiheit,* Göttingen, 1978]에 대한 방대한 참고자료를 포함하고 있는) Lipowatz, "Politlcal Theology and Secularization," *op. cit.*, 138-140을 보라. 또 다음 논문도 참조하라: Konstantinos agoras, "Sacramental Christology, Cultural Modernity, and the Eschatological Gospel," in Kalaitzidis-Ntontos, *Orthodoxy and Modernity,* Volos Academy for Theological Studies, Winter Program 2001~02 (Athens: Indicto Publicatios, 2007), 263-291.

은 자족할 수 있는 주체, 전형적 "타자", 제1의 "타자"의 상(像)인 모든 "타자"와의 관계를 시작함으로써, 사람의 탈아적(ek-static) 성격과 상관성, 개인주의 초월(성)의 근원이 된다.[43]

그런데 당대의 정치적 도전들에 대해서 진정으로 기독교적인 응답을 푸는 데 있어서의 가장 결정적인 해석상의 열쇠가 되는 삼위일체신학이나 성육신의 신학이 중요하고 근본적이지만 심지어 이것들조차도 사회적 법률제정을 자동으로 유발할 수 없다는 것을 불행히도 받아들이지 않을 수가 없다. 왜냐하면, 만일 올바른 삼위일체론이—카이사레아의 에우세비오나 슈미트의 반삼위일체론과 같은 아리우스주의로부터 분명히 구분된다— 사랑, 정의, 민주주의, 자유에 토대를 둔 사회의 출현을 위한 필요한 이론적 전제조건을 구성했더라면, 에큐메니컬 공의회에 있어서 그리스도론과 삼위일체에 관련된 정통교회나 보편주의의 승리가 비잔티움에게도 사회적 진보와 변화로 해석되어야 했기 때문이다. 분명히 정교회는 보다 민주적이고 자유로운 정치제도에 대해서는 물론, 대화의 정신과 자기비판적 반성을 위한 길을 닦아놓았어야 했다. 중세의 서방과 비교해서 비잔티움이 봉건제도와 폐쇄적인 상속의 왕위계승제도와는 이질적이었던 보다 민주적 정치조직을 선호했던 것은 사실이지만,

---

43 이 내용은 내가 분석을 통해서 영감받은 것이다: Pantelis Kalaitzidis, *Orthodoxy and Modernity, An Introduction*, op. cit., 79-82 (그리스어판; Elizabeth Theokritoff의 영문 번역이 St Vladimir's seminary Press에서 곧 나올 것이다).

비잔티움에서의 민주주의와 정치적 자유주의에 대해서는 말할 것도 없고 대화의 과정의 존재에 대해서 추론하는 것은 여전히 어려울 것이다. 에큐메니칼 공의회에서의 정통성에 대해서 논한 교부들과 신학자들이 대화의 정신, 자유주의, 혹은 다른 의견에 대한 관용을 개별적으로 모범화 했던 것이 널리 알려져 있지 않았다는 것은 비밀이 아니다. 내가 말하려고 하는 요점은 텍스트의 진리가 반드시 사회적 갱신으로 귀결되는 것은 아니라는 것인데, 이것의 의미는 어떤 신학/교회학과 예배학, 문화/정치와 국가의 영역에서의 어떤 특정한 본문의 토대 위에서 움직이려는 모든 간편한 시도들은 방법론적으로나 본질적인 면에서 의심하고 다루어져야만 한다는 것이다.

사람들은 아마도 나의 이전의 분석에 대해서, 이론과 실재간의 일치에 대한 그와 같은 기대는 독단적인 형태의 정치적 시대착오, 멀고 매우 상이한 시대로 당대 실재의 투영(投影)을 시도한다고 당연히 반박할 수 있을 것이다. 하지만 만일 우리가 현대 정교회로 넘어간다면, 우리는 그것이 유사한 문제와 결함에 직면한다는 것을 알게 될 것이다. 예를 들면 오늘날 고전이 된 그의 저작 *Being as Communion*에서 진술한[44] 페르가몬의 존 지지울라스 대주교의 경이로운 삼위일체론과 인격주의는 어떠한

---

44 John D. Zizioulas, *Being as Communion:Studies in Personhood and the Church* (Crestwood, New York: St Vladimir's seminary Press, 1985). 또 Zizioulas, *Communion and the Church* (New York: T& T Clark, 2006)도 보라.

급진적인 사회적 활동 또는 심지어 자신에 의해서나 혹은 다른 정교회 성직자들과 신학자에 의한 인식조차도 고무하지 않았다(아마도 지지울라스[45]와 콘스탄티노플의 에큐메니컬 총대주교가 관심을 가졌던 생태적 위기에 대한 반응을 제외하고는). 똑같은 결함이 또 한명의 당대의 위대한 그리스 신학자이자 인격(person)의 신학의 창립자인 크리스토스 야나라스에게서 볼 수 있다(그의 *Eros and Person* 참조).[46] 즉 그의 신학적 존재론과 인격주의가(둘 다 삼위일체론적인, 그리스도론적인 건전한 토대위에 근거가 두어졌다) 사회적인 실천이나 인간의 존엄성 보호를 위한 투쟁으로, 그리고 역사의 희생자에 대한 연대로 인도되지 않았고, 도리어 우리가 아래에서 보게 될 것처럼, 역사로부터 탈출하여 사회적 활동과 집단적 투쟁을 약화시키도록 장려되었다. 지지울라스는 적어도 그의 신학이 특정한 국가와 문화와 절대로 동일시되지 않도록 하는 사회적이고 정치적인 이념화를 피하는 데 있어서는 현명했을지도 모른다. 하지만 야나라스에 관해서는 동일하게 말할 수 없다. 그는 그가 해석하기 시작하는 신학적 원문들을 사회적으로 정치적으로 이상화했을 뿐

45 많은 다른 글들 가운데서 John D. Zizioulas, "Preserving God's Creation: Three Lectures on Theology and Ecology," *King' Theological Review* 12(1989), 1-5, 41-45; 13 (1990), 1-5를 보라.

46 Christos Yannaras, *Person and Eros*, trans. Norman Russel (Brookline, MA: Holy Cross Orthodox Press, 2008); *Proposals for a Critical Ontology* (Athens: Domos, 31995); *An Ontology of Relationship* (Athens: Ikaros, 2004).

만 아니라, 터키 지배하의 비잔티움과 그리스의 사회를 찬양하는 한편 중세의 서방과 같은 다른 사회를 진정으로 비난하는데, 이것은 내가 생각하기로는, 그의 교과서와 사회적 실재 간의 직접적인 관계를 이끌어내기 위한 과제와 결부된다. 다시 말해서, 야나라스는 습관적으로 신학/교회론과 전례의 영역에서 문화/정치와 국가의 영역으로 비약하는데, "혼동되지 않고", "변화되지 않고", "분리되지 않고", "나뉘지 않는"이라는 칼케돈의 용어를 사용하는 방식으로 교회에 의한 역사와 세계의 가설의 한 예(例)로서 비잔틴국가와 그 정치적 통찰을 나타낼 정도인바, 다음과 같이 장황한 구절이 명백하게 표현하는 것과 같다.

> 역사적으로 교회의 공동체적 기풍(에토스)—성례전적 공동체의 사회적 역동성—의 광범위한 영향은 실제로 시골이나 초기 도시의 공동체적인 생활과 밀접한 관계가 있었던 것은 사실이다. 그러한 영향의 역사적인 예로서 우리는 아마도 오직 비잔틴만을 들 수 있다. 극단적으로 엄격한 계급구별이 된 봉건제에 의해 지배된 중세의 서방사회는 사회생활과 문화 전반에 걸쳐 역동적으로 확장된 성례전적 공동체라고 말하기는 어려울 것 같다. 그것들은 분명히 종교적 토대 위에 조직된 사회이지만, 성례전적 공동체의 풍토를 구성하는 개인의 특수성과 자유를 우선시하는 것과는 거의 또는 전혀 무관하다. 비교해서 비잔티움에서는 우리는 인격적 진리의 절대적 우선권을 표현하

고 나타내는 대중문화와 전례적으로 표현되는 생활양식이 개인적 성례전의 이벤트가 되고 있다.

어떻게 비잔틴 문명, 예술, 경제, 정치, 입법에 있어서 모두가 삶의 태도와 교회의 공동체적 기풍을 표현했는지, 어떻게 그것들이 세상 및 역사에 관한 전례적인 이해와 창조적인 "말씀" 또는 인간의 사물과의 관계에서의 이성, 개인이 제멋대로 하는 것에서 세상과 조화와 지혜를 추구하는 이성을 보존했는지를 보여주려는 장소는 아니다.

우리는 단순히 일천 년 동안 비잔티움이 사람이 거주하는 지구 즉 오이쿠메네(oikoumene)의 차원에서 성례전적인 공동체의 역동적 작용을 실행했다는 결론을 말할 수 있다. 비잔티움에서 오이쿠메네는 이 말이 칼케돈의 그리스도론에서 사용되는 것처럼, "추정되어 온 것"이라는 뜻의 프로슬레마(proslemma)라는 말의 역동적인 의미와 신비로운 깊이를 지닌다. 오이쿠메네의 개념상의 중심은 교회인데, 교회는 세상을 창조하신 하나님의 지혜의 최고의 명시이자 하나님의 육화의 사건의 역동적인 재개와 역사 속에서의 이행이다. 그런데 거기서 하나님은 본래적 인간의 불합리성을 이성적 원리와 친교로, 그리고 원형적인 도시인 하나님의 나라로 변화시키도록 한다.

이 과정에서, 개인적 삶의 아름다움과 친교와 자연적 야만주의의 불합리한 충동 간의 강렬하고 빠른 구분이 있다. 그러나 동시에 이 공동체의 외부에 있는 무리의 무례함과 무질서가 전례적인 삶으로 맡겨지고 결합되어야 하는 데 있어서는 범위가 무제한적이다. 그것의 역사적이고 문화적인 삶의 모든 면에서, 비잔틴은 자연적이거나 불합리하거나 흔한 것은 무엇이든지 친교와 신성한 역사와 인간이 되신 하나님(교회)로 바꿀 수 있다고 가정했다.

비잔티움의 몰락과 함께 성체성사적인 공동체의 사회적 역동성이 사라지지는 않았다. 즉 그것은 사람이 거주하는 세계의 범위로부터 오스만의 지배 하에서의 그리스도인들, 로미오신(Romiosyne)의 사회적이고 문화적인 삶의 범위로 축소되었다. 4세기 동안 내내, 터키 지배하의 그리스 동방의 지방정부, 지방재판소, 회사와 금융기관, 협회와 장인조합들은 공동체에서의 전례적 구조, 개인적인 관계의 우선권, 친교의 미덕 추구를 나타냈던 방식으로 작동했다. 노예가 된 그리스 공동체의 전례적 구조는 환대(歡待), 대중가요, 춤, 민속 의상, 건축, 성화상(聖畵像)에서 마찬가지로 명료하게 표현되었다. 삶과 예술의 이 모든 징후는 후대는 달성할 수 없는 문화적 수준과 기풍, 사회적 조직의 실제적인 패러다임 그리고 공식적인 교육의 부재에도 불구하고 백성들이 특별한 감수성을 가지는 데 기여한다. 그것은 "인격적인" 삶과 관계의 기풍이고, 사회적인 삶의 모든 면을 위한 토대를 제공하는 어떠한 인격적이고 이성적인 조화의 총체적인 배척이다. 오늘날 우리는 능욕당한 헬레니즘의 놀랄만한 수준의 문화를 감상하거나 그저 따르려면 예외적으로 교양을 받아야 하고 아마도 특별한 연구에 착수해야 할 것이다. 한데 우리가 알아야 할 것은 이러한 면이 그 당시 몇몇 전문가들의 수준이 아니라, 작은 마을이나 수도원까지도 내려간 대중 감수성의 일반적 징후라는 것이다. 터키의 점령기간 동안 공동체 생활의 방식은 민중들의 필요와 미덕에서 생겨난 것이다. 그것은 이론적이고 이론적인 원리와 공리의 산물이 아니라 백성들의 기풍의 산물이었다. 마찬가지로 백성들의 기풍의 산물은 완전히 본래적이고 진정한 그들의 예술, 노래, 춤, 복장, 축제이었다.

노예가 된 "로미오신"의 자유로운 기풍은 궁극적으로는 여전히 개인의 독특성을 존중하고 인간 공존의 전례적인 일치를 명시화하는 사회적 실현을 위한 모델이다. 이 일치성의 정점(頂點)은 축제이다. 공동체의 삶은 교회 생활에서 잔치의 성례전적 순환의 일부, 시대의 불합리성과 부패에 대한 당대 교회 일상의 승리가 된다. 전통적인 그리스 축제는 항상 한 성인의 교회 기념식에 중점을 둔다; 즉 그것은 항상 축제일이었다. 이 교회의 행사를 둘러싸고 백성들은 모여서 우정을 나누며 서로 노래 부르고 춤추고 먹는다. 상호 간의 차이와 오해는 완전히 융해된다. 즉 백성들은 그들의 사랑을 선언하고 새 가족들을 위해서 토대가 놓인다. 오늘날까지 어떠한 형태의 사회주의도, 합리주의적으로 조직된 어떠한 대중운동도, 이러한 진정한 차원의 대중적 축제를 회복할 수 없었거나, 아니면 인간의 뿌리 깊

은 축제의 필요성에 대해 완전히 응답할 수는 없었다.[47]

비잔틴 문명에 대한 그리고 오스만 지배시대에 대한 고양과 찬미 후에, 다시 말해서 야나라스에 의해 독자적으로 대표된 정치의 신학적 차원의 이상화 후에, 우리는 이제 신학의 정치적 차원을 탐색하는 과제로 넘어가게 된다.

---

47 Christos Yannaras, *The Freedom of Modernity*, tr. Elizabeth Briere (Crestwood: New York:St Vladimir's seminary Press, 1984), 220-223. 또 Yannaras, "The Challenge of Axionov," *The Modern Greek Identity* (Athens: Grigoris, 1978), 특히 205-209[그리스어]도 보라. *Freedom of Morality*의 긴 인용은 Yannaras의 일방적인 반서방적 태도와 그의 비잔티움의 이상화에 관해서 이야기하도록 Yannis Spiteris를 자극했고(*La teologia ortodossa neo-greca* [Bologna: Edizioni Dehoniane, 1992], 305-306, n. 51; 321도 보라), 또 이 저자의 다른 저술에서 구절들을 제공하도록 했다(예를 들면, *Truth and Unity of the church* [Athens: Grigoris, 1977], 129-181 [그리스어; 프랑스어 번역은 Jean-Louis Palièrne, *Vérité et unité de l'Eglise* Grez-Doiceau:Axios, 1989, 75-107]; *Elements of Faith* [*Alphabitari tis pistis*], 223-243 [그리스어; 영역은 Keith Schram, London-New York: T & T Clark, 1991, 149-164]). Yannaras의 반서방주의에 대한 비판은 다음 글을 참조하라: Pantelis Kalaitzidis, *Greekness and Antiwesternism in the Greek Theology of '60s*, Unpublished Doctoral Dissertation, School of Theology, Aristotle University of Thessaloniki, 2008, 398-403; idem, "The Image of the West Contemporary Greek Theology," Paper presented the International Conference "Orthodox Construction of the West", Fordham University, New York, June 28-30, 2010 (Fordham University Press에서 출판 중).

2 장
신학의 정치

앞장에서의 논의들을 통해 우리는 슈미트가 정의한대로 한편으로는 법률에, 다른 한편으로는 신학과 형이상학에 토대를 둔 국가에 대한 기본적 개념 간의 구조적 유사성으로서 정치신학의 영역에서 출발했는데, 오늘날 복음의 정치적 차원과 기독교 신앙의 사회 해방적 요청을 실행하는 주류적 입장으로서의 정치신학으로 논의를 옮기고자 한다. 이러한 신학적 경향은 "사회적 불의, 다양한 형태의 정치적 경제적 억압, 그리고 뿌리 깊은 편견들이 있는 사회구조를 재창조하려는 혁명적 시도에 우선순위를 주는데, 다른 무엇보다도 이러한 조건들과 연관하여 있는 신학적 사고를 갱신하는 것이 시급한 과제이다. 그 관계는 주어진 것인데, 왜냐하면 하나님께서는 그리스도 안에서 자신을 계시하신 것처럼, 새로운 창조, 새로운 세계를 위해서 행동하시는데, 그 세계는 변화에 의해서 그리고 부정의하게 박해를 받은 사람들의 활동에 의해서 끊임없이 새로워지고 있는 것이다."[1] 정치신학에 대한 이 새로운 관점은 1960년대에 처음 등장했다. 그리고 이 시기 10년 동안 더욱 광범위한 정치적 발전과 혁명적 변화, 예를 들어 1968년 5월의 프랑스 68혁명, 독일학생들의 폭동, 미국에서의 베트남전 반전운동 그리고 서방신학자들과 신마르크주의자 사상가들 간의 회합과 대화 등을 통해서 발전했다.[2] 나치즘에 대항해서 싸웠던 칼 바르트와 디트리히 본회퍼와 같은 저항적 신학자들의 지적이며 신학적인 유산도 이러한 운동의 출현에 반드시 참작되어야 한다.[3]

물론 칼 슈미트의 정치신학 외에 다른 번역판의 정치신학도 있는데, 좀 더 정확하게 말하자면 칼 슈미트의 정치신학에 반대하여 발전된 정치신학이다. 예를 들어 독일 가톨릭 신학자 요한

---

1 Nikos Nissiotis, *Apology for Hope* (*Theologia*지 재인쇄, Athens, 1975), 54.

2 특히 이 마지막 요점에 대해서는 Apostolos V. Nikolaidis, *Socio-Political Revolution and Political Theology* (Katerini: Tertios, 1987), 95ff.

3 Karl Barth의 정치적 참여는 다른 것들보다 *Karl Barth und Radical Politics*, ed. and tr. George Hunsinger (Philadelphia: The Westminst Press, 1976); Frank Jehle, *Ever against the Stream. The Politics of Karl Barth 1906~1968,* tr. Richard and Martha Burnett (Grand Rapids, MI Cambridge, UK: Eerdmans, 2002)를 보라. 순교한 독일 철학자요 목사인 본회퍼 신학의 정치적 차원은, 고전이 된 『옥중서신』(*Letters and Papers from Prison*(Eberhard Berthge편 독일어 증보신판을 Reginald Fuller, Frank Clark, John Bowden이 영역한 Touchstone, New York, 1997)은 제쳐두고, 그의 "기독교의 비종교화" 이론 그리고 "성숙한 세계"(세속주의와 근대성) 이론과 불가분리하게 연결되어 있는데, 이에 대해서 나는 *Orthodoxy and Modernity: An Introduction*(그리스어; St Vladimir's Seminary Press에서 영문판으로 근간 예정)에서 몇 쪽(85-92)에 걸쳐서 다루었다.

뱁티스트 메츠의 경우인데, 그는 종말론을 단지 기대로서가 아니라 비판적 경계(警戒)와 독창성으로 간주했으며, 삼위일체의 비판적인 정치적 해석의 생각을 발전시켰으며, 계몽운동이 신학에 부과한 파편화를 초월하는 방향으로 교회와 세계 간의 관계를 재고하고자 했다.[4] 또 독일의 개신교 신학자 위르겐 몰트만도 있는바 그는 종말론의 정치적 차원과 희망의 신학을 전파했으며, 신학이 비판적이고 예언자적인 말을 하게 되고 그것이 하나님 나라의 기능을 할 정도로 심지어 세속적인 사회에서조차도 신학이 갖는 공적인 역할을 상기시켰다.[5] 독일의 개신교

---

4 여러 글 가운데 John Baptist Metz, *Zur Theologie der Welt* (Mainz München, 1968); ""Politische Theologie" in der Discussion," in H. Peukert (ed.), *Discussion zur "politischen Theologie"* (Mainz München, 1969), 267-301; J. B. Metz, J. Moltmann, & W. Oelmüller, *Kirche im Prozess der Aufclärung. Aspekte einer neuen "politischen Theologie"* (Mainz München, 1970)을 보라. Metz의 정치신학에 대한 철저한 분석은 Rosino Gibellini, *The Theology of the 20th Century* (Panayiotis Yfantis가 이탈리아어에서 그리스어로 번역 [Athens: Artos Zois, 2002]), 371f.; Apostolos V. Nikolaidis, *Socio-Political Revolution and Political Theology,* op. cit., 114-117를 보라.

5 몰트만의 정치신학과 희망의 신학에 관해서는 Jürgen Moltmann, *Theology of Hope:On the Ground and the Implications of a Christian Eschatology,* (London SCM Press, 1967, 독어 원판: 1964); idem, *Hope and Planning* (SPCK, London, 1971); idem, "Toward a Political Hermeneutic of the Gospel," *Union Theology Quarterly Review* 23 (1968); idem, *The Experiment Hope* (ed. & tr. with a Forward M. Douglas Meeks, London: SCM Press, 1975); idem, *God for a Secular Society: The Public Relevance of Theology* (Mineapolis, MN: Fortress Press, 1999); idem, "A public Reminder of God: Theology is a Function of the kingdom of God" (Greek tr. Athanasios Vletsis), *Kath' Odon* 13 (1997), 73-79; J. B. Metz& J. Moltmann, *Faith and the Future, Essay on Theology, Solidarity, and Modernity*

신학자 도로테 죌레도 있는데, 저항과 신비주의를 한데 묶었으며, 역사의 희생자들의 공동 수난의 관념을, 자신의 여성해방신학과 "정치적 해석학"의 핵심 개념으로 정립했다.[6]

앞에서 우리가 다룬 정치신학이 좌파적 경향이 있다는 것은 명백한데, 그런데 그것의 주요한 특성은 한편으로는 복음적이고 기독교적인 원리를 오늘날 상황에 맞게 보완하고 실행하면서도 외부로의 방향전환과 외부세계로의 복음의 개방이며, 다른 한편으로는 대화와 추정(assumption)(아마도 이 용어의 칼케돈적 의미에서), 복음화와 세상의 변화를 위해 노력하는 것이다. 이 운동의 가장 탁월한 신학자들에게 있어 기본적인 요소는 다

(Introduction by Francis Schüssler Fiorenza, Concilium Series, Maryknoll, New York: Orbis Books, 1995)를 보라. 또 Rosino Gibellini, *The Theology of the 20th Century,* op. cit., 348f.; Apostolos V. Nikolaidis, *Socio-Political Revolution and Political Theology*, op. cit., 125-126도 보라. George Tsanakas, *Hope, Ministry, Salvation: Christianity's Dynamic Engagement Today* (Thessaloniki, 1976) 참조.

6 Dorothee Sölle, *Politische Theologie* (Stuttgart Berlin, 1972); idem, *Suffering* (tr. Everett R. Kalin, Philadephia: Fortress Press, 1975); idem, "Père, puissance et barbarie. Questions féministes à religion autoritaire," *Concilium* 163 (1981), 105-113; idem, *The Silent Cry: Mysticism and Resistance* (tr. Barbara and Martin Rumscheidt, Mineapolis: Fortress Press, 2001); idem, *Essential Writings* (Dianne L. oliver이 선별하고 서론을 붙임, Maryknoll, New York: Orbis Books, 2006)을 보라. 또 Henry Mottu, "Dorothee Sölle: Mystique et résistance," *Dieu au risque de l'engagement. Douze figures de la théologie et de philosophie au XXe siècle* (Genevè: Labor et Fides, 2005), 121-134; Rosino Gibellin, *The Theology of the 20th Century*, 377-378; Apostolos V. Nikolaidis, *Socio-Political Revolution and Political Theology*, 118-119도 보라.

른 것 중에서도 현대성의 긍정 그리고 철학과 세속학문의 만남이다: 예를 들어 메츠의 신학은 프랑크푸르트학파(특히 월터 벤자민, 테오도르 W. 아도르노)없이는 상상할 수도 없고, 몰트만의 희망의 신학은 에른스트 블로흐의 저자와의 끊임없는 대화 속에 있다.

오늘날의 정치신학의 어떤 연구도 모든 사람과 민족의 영적인 것은 물론 사회적/정치적/문화적 해방을 약속하는 해방신학을 무시할 수는 없다. 이러한 신학적 추세는 일찍이 1950년대에 라틴아메리카의 진보적 가톨릭교회에서 초기 형태로 나타났으며, 1971년 페루인으로서 도미니카회 신부인 구스타보 구티에레즈의 책 『해방신학』(*Teología de la liberación*)[7]의 출간과 더불어 확정적 형태를 이루었고, 뒤이어 1976년에 레오나르도 보프의 저작 『속박과 해방 신학』(*Teologia do Cativeiro e da Libertacão*)[8]가 출간되었다. 만일 빈곤과 착취에 대항해서 싸워

---

7 Gustavo Gutiérrez, *Teología de la liberación Perspectivas* (Lima: CEP, 1971); 영역판 *A Theology of Liberation. History, Politics, and Salvation* (Maryknoll, New York: Orbis Books, 1988)은 저자가 서론을 새로 쓰고 Sister Caridad Inda와 John Eagleson이 번역하고 편집한 개정판이다.

8 또 Leonardo and Clodovis Boff, *Introducing Liberation Theology*, tr. Paul Buens(Maryknoll, New York: Orbis Books, 1988) [원문 포르투갈어]도 보라. 특히 Clodovis Boff의 해방신학(그리고 관련된 신학적 철학적 쟁점)에 관해서는 Timothy Francis Taylor Noble, "Keeping the Window Open: The theological Method of Clodovis Boff and the Problem of the Alterity of the Poor"(unpublished doctoral dissertation, De Vrije Universiteit, Amsterdam, 2009)를 보라.

야 할 시급한 필요성이 이 추세가 출현한 우선적이고 근본적인 추동력이었다면, 그것의 신학적 교리는 역시 중요하다. 이 교리는 다음과 같은 입장으로 요약할 수 있다: 자본주의제도의 불공정한 구조와 체제에 대항하는 정치적 행동과 혁명적인 활동이—어떤 경우에는, 예를 들어 체 게바라의 동료였던 콜롬비아의 사제 카밀로 토레스[9]의 경우처럼, 무장된 폭력을 포함할 수 있는데— 비단 가난한 자들과의 연대의 오랜 기독교적 전통의 확장과 갱신만이 아니라는 것이다. 그것들은 실제로 기독교의 신앙과 복음의 바로 그 핵심으로부터 나오는 것인데, 모든 형태의 불의와 착취, 모든 형태의 소외, 예속, 제도화된 죄악과 맞서서 이를 고발하고 싸우는 것이다. 왜냐하면 구스타보 구티에레즈가 우리에게 상기시켜주는 것처럼, "죄악은 단지 개인적인 차원이 아니라, 사람에 의한 사람의 착취, 민족과 인종 그리고 사회계급의 지배와 예속이라는 억압적 구조에서 명백하게 나타나기 때문이다. 죄악은 기본적인 소외, 불공정과 착취의 뿌리로서 나오는 것이다. 죄악은 필연적으로 정치적 해방을 의미하는 급진적 해방을 요청한다. 이러한 급진적인 해방은 그리스도가 우리에게 주는 선물이다."[10] 만일 초창기 단계에서 이 해방신학이 마르크스적인 사회, 경제 이론으로부터 많은 요소들을 추정하

---

9 Camilo Torres, *"Prayer Alone Is Not Enough." People's Unity, Revolution* (Athens: Minimi, 1974)[그리스어]를 보라. 또 Athanasios N. Papathanasiou, "The Priest Next to Che," *Eleftherotypia*, October 23, 2007도 보라.

10 Gustavo Gutiérrez, *A Theology of Liberation*, op. cit., 103.

고 사용했다면, —이 사실로 특히 1980년대에 바티칸의 보수적인 신학적 서클로부터 강렬한 반발과 심지어 규탄을 유발했다 — 최근에는 라틴아메리카의 해방신학자들은 대안적 세계화를 위한 운동 쪽으로 나아가고 있는데, 그것은 시장의 신자유주의적인 법칙과 금융 자본의 세계적 지배에 반대하고 있는 것이다. 그들은 또한 서방의 제국주의적인 문화 영향으로부터의 해방과 라틴아메리카의 여러 나라의 문화적 정체성의 재발견을 추구했다. 이 신학적 추세의 영원한 특성은—그 안에 돔 헬더 카마라 대주교,[11] 오스카 로메로 대주교,[12] 안토니오 프라고소 주교,[13] 존 소브리노 신부,[14] 에르네스토 카르데날 신부[15]을 포함

---

11 영어로 된 그의 저술 *The Church and Colonialism: The Betrayal of the third World* (Denville, New Jersey: Dimension Books, 1969); *The Spiritual of Violence* (Denville, New Jersey: Dimension Books, 1971); *Revolution through Peace* (New York: Harper& Row, 1971); *The Desert Is Fertile* (Maryknoll, New York: Orbis Books, 1974); 그리고 비교적 최근에 모은 *Dom Helder Camara: Essential Writings*, ed. Francis McDonagh (Maryknoll, New York: Orbis Books, 2009)를 보라.

12 Oscar Romero, *The Shepherd Facing Urgent Challenges* (현대그리스어역, Evangelos D. Nianios, Athens: Minima, 1985); idem, *The Church Is All of You — Thought of Archbishop Oscar Romero* (London: Collins-Fount Paperback, 1985)를 보라.

13 Antonio Fragoso, *Evangile et révolution sociale* (Paris: Cerf, 1969)를 보라.

14 Jon Sobrino, *Christology at the Crossroads: A Latin American Aproach*, tr. John Drury (Maryknoll, New York: Orbis Books, 1978); idem, *The True Church and the Poor*, tr. Matthew J. O'Connell (Maryknoll, New York: Orbis Books, 1984, 원문 스페인어); idem, *Spirituality of Liberation. Toward Political Holiness*, tr. R. R. Barr (Maryknoll, New York: Orbis Books, 1988, 원문 스페인어); idem, *The Eye of the Needle: No Salvation*

해야 한다—기초공동체(그것들의 출발점으로서 성례전을 갖고 있는)와의 직접적 관계인데, 그 의미는 학술적인 토론 또는 이론적인 탐구만이 아니라 목회적이고 신학적인 실체로서 사람들의 특정한 필요성과 라틴아메리카의 교회들이 직면한 도전에서 생겨난 것이라는 것이다.

우리가 알고 있는 바와 같이, 해방신학의 중요성은 라틴아메리카를 넘어서 멀리까지 퍼져있다. 흑인신학[16]은 (주로 미국에서, 그러나 또한 남아프리카에서도, 그리고 두 곳 모두에서, 그 공동체의 흑인들이 받은 뿌리 깊은 편견과 압박에 관계된다). 해방신학에 직접 관련된 것으로 여겨진다. 그리고 그것은 남반구와 북반

---

outside the Poor: A Utopia-Prophetic Essay, tr. Dinah Livingstone (London: Darton, Longman and Todd, 2008). 또 Ignacio Ellacuria& Jon Sobrino (eds.), *Mysterium liberations: Fundamentle Concepts Liberation Theology* (Maryknoll, New York& North Blackburn, Victoria, Australia: Orbis Books& Collins Dove, 1993)도 보라. Sobrino의 저술에 대한 전체적인 평가는 Stephen J. Pope (ed.), *Hope and Solidarity: Jon Sobrino's Challenge to Christian Theology* (Maryknoll, New York: Orbis Books, 2008)을 보라.

15 Ernesto Cardenal, *The Gospel in Solentiname*(Maryknoll, New York: Orbis, 2010). 또 그의 잘 알려진 시 "The Sanctity of the Revolution" (1976)와 *Love: A Glimpse of Eternity* (Brewster, MA: Paraclete Press, 2006)도 보라.

16 다른 저술보다 J. Cone, *Black Theology and Black Power* (New York: Seabury Press, 1969); idem, *A Black Theology of Liberation* (Philadelphia: J. B. Lippincott, 1970); J. Deotis Roberts, *Liberation and Reconciliation: An Black Theology* (Philadelphia: Westminster Press, 1971); W. Dantine, *Schwarze Theologie. Eine Herausforderung der Thoeologie der Weissen* (Wien Freiburg: Herder, 1976)을 보라.

구에서, 제일세계는 물론 제삼세계에서도 신학사상의 갱신과 교회공동체의 동원에 중요한 영향을 주었다. 해방신학이 정교회에도 영향을 미친 것은 언급할 가치가 있다. 그리스에서도 1974년 군사독재정치의 몰락으로부터 1990년대 초까지, 라틴아메리카의 해방신학은 진보적인 정교회의 교회와 신학과 정치 그룹, 그 가운데서도 특히 자신들을 기독교사회주의자라고 여기는 사람들에게 강렬한 관심을 불러일으켰다. 이들은 *I Christianiki*라는 주간지를 발행하고, 돔 헬더 카마라, 카밀로 토레스, 안토니오 프라고소, 오스카 로메로, 에르네스토 카르데날에 관한 책을 발간했는데,[17] 주로 *I Christianiki*와 "기독교의 민주주의"의 기독교사회주의자운동과 직접적인 관계를 가졌던 미니마출판사(Minima)에서 출간되었다. 우리는 또한 유명한 그리스 신학자들에 의해 이 신학의 흐름에 공헌한 논문과 기사를 이러한 맥락에서 주목해야 한다.[18]

---

17 그리스의 상황에서 벌어지는 현상에 대한 전체적 평가는 Andreas Argyropoulos, "Liberation Theology," *Manifesto* 15-16 (2009), 53-57; idem, "Greek Editions of Liberation theology Books," *Manifesto,* 15-16 (2009), 58-59를 보라. 위의 글들은 그의 논문을 모은 *Liberation Theology in the Religion Education Curriculum* (Chalkida: Manifesto, 2011)로 재출판되었다.

18 Nikos Nissiotis, *Apology for Hope* (Athens, 1975. *theologia*지에서 재인쇄됨. 그리스어)를 보라. 또 idem, "Ecclesial Theology in Context," in Choan-Seng Song (ed.), *Doing Theology Today* (Madras: Christian Literature Society, 1976), 101-124; Marios Begzos, "Western Thought: The Christian-Marxist Dialogue in the West," *Synaxis* 9 (1984), 85-95; idem, "The Path of Western Theology: An Overview of

좌파의 정치신학과 해방신학에 대한 이 간략한 언급 후에, 결정적인 질문은 "왜 정교회는 몇 개의 예외를 제외하고는 그 용어의 두 번째이자 해방적이고 급진적인 의미에서의 '정치신학'을 발전시키지 못했는가?"이다. 왜 저명한 정교회 신학자들은 정치신학의 의미와 내용을 과소평가하거나 심지어 오해했는가? 왜 신학적 혹은 기독교적 좌파의 사상은 그것이 미국은 물론 서구의 거의 모든 나라에서 그랬던 것처럼, 정교회에서는 발전되지 못했는가? 더 나아가 우리가 정치신학이란 용어가 생기기 이전부터의 요소를 빈번히 고려한 것처럼, 교부들이 쓴 글로부터 추정할 수 있는가? 부, 빈곤, 고리대금 또는 경제적 착취에 대한 교부들의 비난이, 이들이 살았던 시대가 우리가 살고 있는 시대와는 전혀 다른 시대인 민주주의와 자유가 분명히 결여했던 시대에서 말한 것이기에, 그들도 "정치신학" 혹은 "해방신학"을 가졌다고 말하기에 충분한 것인가? 예를 들어 사회적으로 예민한 교부들은 (정확하게 그들의 감수성 때문에 해방신학과 유사성을 가진 것으로 보이는) 지배자의 역할과 위치를 강조했을 뿐만 아니라, 또한 분명히 권위주의적이고 비민주적인, 사회적, 정치적 기구를 이상(理想)으로 장려했던 칼 슈미트의 정치신학 모델로부터는 상당히 거리가 있는 것처럼 보이지 않는가?

Non-Orthodox Europe," in Stavros Photiou (ed.), *Jesus Christ, Life of the World,* (Nicosia, 2000), 521-545; Apostolos V. Nikolaidis, *Socio-Political Revolution and Political Theology* (Tertios, Katerini, 1987)도 보라.

지면 관계상 단지 성 그레고리오스 팔라마스의 예에만 초점을 맞춰보자. 그는 한편으로는 복음 이야기의 토대 위에서 부와 부자들에 대항하여 설교했으며, 다른 한편으로는 14세기의 데살로니가의 열성당원 사회운동을 반대한 요한 칸타쿠제노스 황제와 정치적으로 그리고 이념적으로 동일시했다: 그레고리 팔라마스는 이 경우에 그 두 종류의 정치신학(슈미트 혹은 해방신학)의 어느 것과 더 관련되어 있는가? 작업가설의 전제로서 감히 말하자면, 둘 다이다. 하지만 궁극적으로 정교회에서의 정치적인 문제는 —민주적이고 합의적인(conciliar) 전통에도 불구하고— 정교회의 사회적 참여(분명히 그것은 불충분하고 문제가 있다)만이 아니라, 또한 대화와 토의의 문화와 민주적인 기풍의 결핍일는지도 모른다. 아마도 그것은 정교회의 먼 과거와 보다 가까운 과거에 짐을 지우고 있는 이러한 기풍과 문화의 결핍과 또 민주주의, 다원주의, 다양성에 관련되어 있기보다는 군주제국가와 제국(비잔틴과 오스만제국, 차르의 러시아제국, 발칸군주국)에 더 관련되어 있는 정치모델 때문인가?

이 시점에서, 예를 들어 중세에 동방과 서방에서 큰 영향을 발휘했으며, 블라디미르 로스키의 저작 특히 그의 『동방교회의 신비신학』(1944) 이후로 동방정교회 신학의 가장 진정하고 대표적인 신학으로 간주되었던 아레이오스 파고스의 디오니시우스의 이름으로 알려진, 5세기 말 혹은 6세기 초로부터의 저작의 "정치적인" 메시지인가를 묻는 것은 의미 있는 것이 될 것이다.[19] 잘 알려진 것처럼 아레오파고스 재판관의 저작 특히『천국의 계급구조와 교회의 계급구조』는 계층적/ 과두적 세계의 이미지를 매우 높였는데, 일부에서는 사실상 다른 목적에 부가하여 이 원문들이—그들의 직권 때문에 사도의 특권과 진짜 사도로서 인정받았다— 제국의 제도와 교회공동체의 제도화와 성직화를 위해서 신학적 지지와 정당화를 제공하기 위해 고안되었을 정도였다고 주장했다.[20]

진보적 정치신학에 대해 많은 유명한 정교회 신학자들의 주의 깊은 태도에 대해서 말하자면, 저명한 그리스의 철학자이며 신학자 크리스토스 야나라스의 아랫글이 대표적이다:

> 오늘날 서구에서 "정치신학"이라는 용어는 정확한 의미를 지닌다: 그것은 당대의 정치이론들 특히 마르크스주의자와 신마르크스주의자 좌파에 의해 제공된 카테고리에서 인류구원의 복음적 선포를 설명하려고 애쓰는 일군의 신학자들이나 "학파"를 의미한다.
>
> 정치신학의 이러한 탐구는 성서 본문의 정치적인 해석에 대한

---

19 이 마지막 요점에 대해서는 다른 것들보다도 잘 기록된 최근 논문 Paul L. Gavrilyuk, "The Reception of Dionysius in Twentieth-Century Eastern Orthodoxy," *Modern Theology* 24 (2008), 707-723를 보라.

20 직설법적인 Hermann Goltz, *HIERA MESITEIA. Zum Theorie des hierarchischen Sozietät im Corpus Areopagiticum* (Erlangen, 1974); Alexandre Faivre, *La naissance d'une hierarchischie* (Paris: Beauchesne, 1977), 특히 172-180를 보라.

> 순수한 과학적 연구로부터 신학자들과 성직자들의 급진적이고 사회정치적인 운동에의 직접적이고 적극적인 참여까지 포함한다. 이 탐구의 매 단계마다의 배경에서, 우리는 서방기독교의 고전적인 문제를 인식할 수 있다: 즉 초월성과 세속성 간의, 그리고 개념적 형이상학의 추상적 관념론과 삶에 있어서 물질적 재화의 즉각적인 긍정 및 추구 간의 진동(振動)이다.

또 야나라스는 "심리적" 또는 "심리분석류"의 요소를 자신의 논증속에 도입함으로써 "정치신학"에 대한 그의 비판을 계속한다:

> 정치신학의 저작들과 그것의 대표자들의 구체적 활동에 있어서, 이러한 진동(왔다 갔다 함)을 보는 것은 쉬운 일인데, 서구사회의 세속화된 사회적 환경이 신앙의 열등성을 일으키고 이것이 심리학적으로 전반적인 문제의 근거가 된다. 정치적인 조치가 인간으로 하여 자신의 손으로 자신의 역사적인 운명과 미래를 구축하도록 허용하는 세계에서는, 기독교 신앙은 쓸모가 없고 효과가 없다. 기독교적이라는 것은, 서방기독교의 표준에 의하면, 사회적 번영과 사회적 진보의 당면한 문제들을 추상적인 "초월"로 바꿔놓는 것을 의미하거나, 혹은 설사 합리적으로 정당화된다 해도, 그렇지만 전체적으로 역사적 진화에 총체적으로 영향을 줄 수는 없는 개인적인 도덕의 무저항적 복종으로

서 이러한 문제들에 대처하는 것을 의미한다.

따라서 당대의 서방의 기독교인에게 있어서 정치신학은 신앙의 분명한 열등성을 심리학적으로 반대균형으로 맞추고 있는 것 같다. 정치신학은 성서 자체에서 혁명적인 사회정치적 운동의 뿌리를 찾고 있다. 성서는 정치적 도덕성의 교과서이자, 혁명의 이론으로 보이는데, 그것은 낙원과 같은 사회 즉 계급 없는 사회를 목표로 갖고 있다. 그러므로 오늘날 기독교인이라는 것은 다른 무엇보다도 사회적 불의와 정치적 억압에 대한 능동적인 반대에 참여하는 것을 의미한다. 시위는 "문화적인" 행위이고, 혁명적인 벽보는 신앙의 상징이며, 정치적 행위는 새로운 형태의 교회 친교이다.

하지만 사람들은 아주 소박하게 문제를 제기할 수 있을 것이다: 왜 내가 순수하게 그리고 단순하게 정당에 등록하거나 혁명가가 되는 것은 충분하지 못할까? 게다가 왜 내가 기독교인이 될 필요가 있겠는가? 그것은 정확하게 정치신학의 심리학적 동기부여를 드러내는 문제라고 나는 우려하고 있다.[21]

그리고 같은 신학자가 그의 고전적 저작 『도덕의 자유』—그

---

21 Christos Yannaras, "A Note on Political theology," *St Vladimir's Theological Quarterly* 27 (1983), 53-54. 이 글은 Yannaras의 논문 몇 편을 새로 모은 다음 책에서 영어로 읽을 수 있다: *The Meaning of Reality: Essays on Existence and Communion, Eros and History*, eds. Fr Gregory Edwards and Herman A. Middleton (Los Angeles, CA: Sebastian Press and Indiktos, 2011), 149-152. idem, *The Freedom of Morality*, 199-200 참조.

리스와 다른 나라에서 널리 읽혀 왔고, 이미 적어도 여섯 개 언어(영어, 불어, 이태리어, 루마니아어, 우크라이나어, 세르비아어)로 번역된—에서 다음과 같이 언급했다.

> 무엇보다도 그것은 소위 "정치신학", 정치학도 아니고 신학도 아닌 저 종합적인 신좌파사상이다. 그것은 서방기독교의 역사적 열등감에 타격을 가한 듯이 보이며, 그것에 대한 심리학적인 과도보상으로서 기여하는 것 같다. 그것은 성서 자체에서 혁명적인 사회정치 운동의 뿌리를 찾는다: 즉 성서는 정치윤리학에 대한 논문이고, 그 목표가 계급 없는 사회의 낙원인 혁명이론으로서 기여한다.[22]

정치신학에 대한 야나라스의 입장을 좀더 완전하게 보여주기 위해서, 우리는 잠시 그것에 관한 긍정적인 평가, 즉 어떻게 그 자신이 정교회의 관점에서 정치신학을 이해하고 있는가는 것을 덧붙여야 한다.

> 그렇지만, 여기서 내가 의도하는 바는 이러한 당대의 "학파"나 정치신학 운동을 (무엇보다도 그러한 도식적인 방법으로) 판단하는 것이 아니다. 나의 머리말[23]은 단지 전주곡일 뿐이다:

---

22 Christos Yannaras, *The Freedom of Morality*, 199-200. 또 같은 책, 200, 216-217, n 19도 보라. 여기에 그 토론에 대한 최근 참고문헌이 들어있다.

나는 무엇보다도 먼저 정교회의 교회 생활과 전통의 진리에 관련하여 "정치신학"이라는 그 용어의 의미나 설명을 제안하고 싶다. 그러한 의미, 그러한 해석은 정교회 신학의 진리와 기준뿐만 아니라 서구 문명의 심장부에서 발견되는 것과는 철저하게 다른 정치의 개념을 미리 가정하는 것이라고 생각한다. 나는 정치이론과 행위가 단지 인간관계의 관습적 규칙이나 또는 사회적 효용성으로 제한되지 않고(설사 이것들이 더 효율적일지라도), 인간의 진리와 인간존재의 진정성을 그 목표로 갖고 있다고 본다.

사회적 효용성과 권리와 욕구의 합리적 규정이나 노동과 자본간의 관계에 기여하는 정치는 신학과 아무런 관계가 없다. 그것은 개인의 수요와 그것들의 관습적인 제한들에 따르는 것인데, 즉 인간에게 필요한 소외를 비인격적인 사회의 전체성으로나 경제적이고 문화적인 개발을 위해서만 계획된 중립적인 대상으로 변형하는 것이다. 정치는 신학의 한 장으로 생각될 수 있는데, 진정한 "정치신학"은 그것이 인간의 본성과 인간의 진리에 따라 인간에게 봉사하는, 그래서 결과적으로 인류의 정치적 본성에 봉사하는 책임을 질 때 가능하다. 존재의 중심에 있는 사랑의 능력은 진정한 사람들의 공동체, 진정한 도시, 그리고 진정한 도시국가의 조건인 것이다.24

23 그의 책 *Chapters on Political Theology* (Athens: Papazissis, 1976), 9-13임이 분명하다.

우리는 아마도 야나라스의 비판에 대해 다음과 같은 측면에서 조금의 진실을 가졌다고 인정할 수 있을 것이다. 서구와 다른 곳에서의 정치신학이 순진한 과장과 어떤 편향성—특히 1970년대에, 그것의 강렬한 정치적 행동주의, 급진적인 사회정치적인 변화에 대한 거의 메시아적인 기대, 그리고 마르크스주의가 이념적으로 절대적으로 우세했던 것—을 가지고 있는 데다가, 기독교의 메시지를 사회와 계급 투쟁에 복무하는데 협력케 하여 보편타당성과 무시간성을 무효화했다.[25] 그러한 견해는 십자가의 사건과 부활의 어리석음을 부정하거나 아니면 적어도 무시하며, 삼위일체 하나님의 모든 심층과 역설의 신비를 빼앗는다는 것은 명백하다. 하지만 —존재론적 관점을 가진 다른 신학자들은 물론— 야나라스에게 있어서의 문제점은, 다른 종류의 정치신학에 대한 대안적 사상이 결코 행동으로 옮겨지지 않는다는 것이다. 무력한 자들과 역사의 희생자들에 대한 헌신은 노골적으로 경멸하지 않더라도, 이타주의와 도덕주의로서 특징지어진다. "왜냐하면 너희는 내가 굶주렸을 때에 먹을 것을 주었기 때문이다"(마 25:35)에서 하나님은 동료들, 가난한 자들, 모든 종류의 "타자"와 자신이 동일하다고 설정하는데,

---

24 Christos Yannaras, "A Note on Political Theology," *St Vladimir's Theological Quarterly* 27 (1983), 54; *The Meaning of Reality*, 150.

25 이 특정한 시기에 과잉되었던 것들의 일부와 전반적인 풍조는 Jean-Pierre Denis의 최근 저서 *Pourquoi le christianisme fait scandale* (Paris: Seuil, 2010), 특히 328-330에 잘 기록되어 있다.

인격과 타자성(他者性)에 관한 고양된 관점에서 이러한 위치가 보이지는 않는다. 이 복음의 동일시와 명령으로부터 유래하는 도덕적이고 사회적인 책임은 기독교가 아마도 개시하는 새로운 존재론 덕택에 부차적인 문제가 된다.[26] 나는 여기서 야나라스가 정치신학이나 성서와 교부들의 사회적이고 정치적인 측면을 다룬 최초의 정교회 신학자가 아니라는 것을 언급해야만 한다. 하지만 그는 내가 보기에 아직도 다수의 견해인 신학적 추세의 가장 대표적인 목소리이며, 정교회 신자들이 정치신학에 대해서, 그리고 신앙심이 깊은 사람들의 편에서 능동적인 사회적, 정치적 실행에 대해서 반대 및 유보의 입장을 가진 가장 대표적인 예이다.[27]

19세기 말과 20세기 초의, 볼셰비키 혁명 직전 매우 불안정한 시기에 살았던 러시아의 종교철학자들이 일찍이 좌파 정치신학의 조짐을 보여주는 견해들을 보여주었다. 니콜라이 표도

---

26 또 Stavoras Zoumboulakis의 글 "The 'Frontier'('Synoro') and Christos Yannaras: The Theological Argument for the Removal of Morality from Christianity" (Pantelis Kalaitzidis, Athanasios. N. Papathanasiou, & Theophilos Ampatzidis [eds.], *Turmoil in Postwar Theology: "The "Theology of 60's"* [Athens, Indiktos, 2009], 315-326)에 있는 비판도 보라.

27 해방신학에 대한 한층 더 부정적인 정교회의 비판의 특징적인 ―그러나 결코 독특하지는 않은― 선례들은 Dimitrios Théraios, *Le malaise chréien:Archétypes marxistes de la théologie de libération* (Genève Paris: Georg-OEIL, 1987); Theodoros Zissis, "Theology in Greece Today," *Epopteia* 91 (1984. 6: "근대 헬레니즘" 특집호), 581-587[그리스어]에서 볼 수 있다.

로프의 유명한 구절이다: "우리의 사회적 프로그램은 삼위일체 교리이다." 그리고 세르게이 불가코프와 니콜라스 베르자예프의 사회주의자혁명당—정확하게 기독교적 신앙과 양심의 이름으로 하는— 참여도 잘 알려져 있다. 이 운동은 차르 체제의 비인간적인 구조와 법률을 바꾸려는 목적이었지만, 공산당의 볼셰비키에 의해 옹호된 방법보다도 매우 다른 방식으로—더 많은 자유와 영적 감수성을 가지고서—한 것이며, 사람들도 당시 무엇이 일어났던가 하는 것을 알고 있다. 사실 1932년에 파리에 새로 설립된 성 세르기우스 연구원의 교리학 교수, 정교회의 사제, 학장이었던 불가코프는『정교회신학원』(정교회의 교회생활과 가르침의 교리적인 종합)라는 그의 책에서 한 장(章)을 "정교회와 국가"에, 또 하나는 "정교회와 경제생활"에 할애했다.[28] 기독교 혁명가이자 혁명 이후 최초의 소비에트 의회에서 사회주의자혁명당의 대표였으며, 후에 소비에트 체제에 의해서 추방되어 파리에서 살았던 베르자예프의 전 생애와 거의 모든 풍성한 저작물들은 잘 알려진 바와 같이 사회적 혁명적 기독교에 대한 변호, 불이익을 당하고 억압받는 자들을 위해 일하는 기독교의 목소리의 대변 그리고 기독교 사회주의와 무정부주의에 대한 옹호를 위한 것이었는데 이 모든 것들이 영적이고 개인적인 자유의 핵심적인 주제 위에 기초해 있다. 베르자예프 자신이

28 Sergius Bulgakov, *The Othodox Church,* rev. tr. Lydia Kesich, Crestwood (New York: St Vladimir's Seminary Press, 1988), 156-165, 166-175.

직접 예언자적으로 그의 저작『러시아의 공산주의의 기원』(1935~1936)의 마지막 장에서 다음과 같이 언급했다.

> 이따금 마치 소비에트 정부는 양심의 자유, 철학적 사색의 자유, 영적 문화를 창조하는 자유를 허용하기보다는 차라리 경제생활에서 자본주의의 회귀로 나아가는 것처럼 보인다. 종교와 기독교에 대한 이러한 혐오는 기독교의 과거에 깊숙이 그 뿌리를 두고 있다.…
> 만일 반종교적 선전이 마침내 러시아사람들의 영혼에 있는 기독교의 모든 자취를 파괴하려고 한다는 것이 허용되고, 모든 종교적 감정을 말살한다면, 공산주의의 현실적 실현은 불가능해질 것이다. 왜냐하면 어느 누구도 기꺼이 희생하려 하지 않을 것이고, 어느 누구도 삶을 보다 높은 목적의 봉사로서 이해하지 않을 것이며, 최종적인 승리는 자신의 이익만을 생각하는 자아추구 타입 인간의 수중에 있을 것이기 때문이다. 이 마지막 타입의 사람들은 심지어 오늘날에도 이미 적지 않은 역할을 하고, 부르주아(유산 대중)적 정신의 성장은 그 때문이다.…
> 예언자들에게서, 복음에서, 서신서에서, 대부분 교회의 박사들에게서, 부에 대한 비난과 재산에 대한 거부 그리고 하나님 앞에서는 모든 사람이 평등하다는 것을 긍정하는 것을 우리는 발견하게 된다. 성 대바실리오스나 특히 성 요한 크리소스톰에게 있어서, 부와 소유에 기인하는 사회적 불의에 대한 심판이 철

저하여 프루동과 마르크스도 그들 앞에서 창백해질 정도이다. 교회의 박사들은 재산은 절도라고 말했다. 성 요한 크리소스톰은 물론 자본주의와 산업시대의 공산주의는 아니지만, 완전한 공산주의자였다. 공산주의는 기독교의, 또는 유대-기독교의 기원을 갖고 있다고 주장하는 좋은 근거들이 있다. 그러나 기독교가 당시 황제의 제국에서 국교로 채택된 시대가 곧 도래했다.… 공산주의의 문제는 기독교인 양심의 각성을 자극하고, 사회적인 종교로서의 기독교에 대한 이해의 의미에서가 아니라, 사회생활과 관련하여 기독교의 진리와 정의를 드러내는 의미에서, 창조적인 사회적 기독교의 발전으로 나아가야만 했다.[29]

심지어 그 유명한 "교부들로의 회귀"(우리는 주의를 잠시 그것으로 돌리겠지만)의 주요 제안자였으며, 20세기의 아마도 가장 위대한 정교회 신학자였던 게오르기 플로로프스키조차도, 그러한 문제에 대해서 여전히 무관심한 채로 있을 수가 없었을 것이다. 우리는 이를 다룬 것 중에서도 그의 저작『동방정교회의 사회적 문제』[30]와『성 요한 크리소스톰: 자비의 예언자』[31]를 통

---

29 Nicholai Berdyaev, *The Origin of Russian Communism*, tr. R. M. French (An Arbor, MI: University of Michigan Press, 2004), 170-171, 188. 파리에 있는 러시아 디아스포라의 사상가들과 신학자들의 사회정치적 종사에 관한 흥미 있는 정보와 분석은 Antoine Arzakovsky, *La Génération des Peneurs Religieux da l'Emigration Russe: La Revue La Voie(Put'), 1925~1940* (Kiev Paris: L'Esprit et Lettre, 2002)에서 볼 수 있다.

30 Georges Florovsky, "The Social Problem in the Eastern Orthodox

해서 곧 알게 될 것이다.

Church," *Christianity and Culture*, volume 2 in the Collected Works of Florovsky (Belmont, MA: Nordland, 1974), 131-142.

31 Georges Florovsky, "St. John Chrisostom: The Prophet of Charity," *Aspect of Church History,* volume 4 in the Collected Works of Florovsky (Belmont, MA: Nordland, 1975), 79-88.

3 장
왜 정교회는 정치신학 혹은 해방신학을 발전시키지 못했는가

"좌파" 정치신학의 문제점에 대해서 정교회의 신학자들과 지성인들 가운데에서 일어난 이 모든 초기의 관심은, 1960년대에 그 용어 자체가 나타나기 이전에 일어났다는 것은 역설적이다. 실제로 그게 나타났을 때에는 정교회 바닥에서는 금지되거나 심지어 기반을 잃어버렸다. 한편 정치신학과 해방신학은 다른 곳에서는 곳곳에서 힘을 얻고 있었다. 왜 이런 일이 일어났는지 간단히 설명하고자 한다. 그러나 지금은 교부들의 신학, 현대의 정교회신학, 정치신학에 대한 긴 여담 끝에, 내가 이전에 제기한 중심문제로 되돌아가고자 한다: **약간의 예외가 있긴 하지만 왜 정교회는 해방적이고 급진적인 의미의 '정치신학'을 발전시키지 못했는가, 왜 저명한 정교회 신학자들은 정치신학을 과소평가했는가, 왜 '신학적 혹은 기독교적 좌파'의 사상은 정교회에서 발전되지 못했는가,**

하는 것들이다. 이들 문제에 대한 해답은 간단할 수도 일방적일 수도 없는데, 이번 장에서 약간의 예비적인 답변을 주고자 한다.

1

이 문제에 대한 초기의 반응은 이미 내가 암시한 것처럼 아마도 정교회 세계가 비잔틴으로부터 물려받은 전통에 관련되어 있을 것이다. 내가 앞서 간략하게 언급한 바와 같이, 정교회의 정치신학과 종말론은 흔히 비잔틴 정치체계로부터 나온 신정(神政)주의와 황제교황주의의 요소와 결부되어 있다. 이러한 체제에서 교회는 국가에 첨부되거나 종속되어 있었는데, 국가는 지상에서의 하나님 나라의 현현이고, 이교로부터 정통신앙을(그 시대의 이교로부터 각 시대의 정교회를), 신앙의 적으로부터 정교회를 보호한다고 천명했다. 교회는, 몇몇 보기 드문 카리스마적 교부들과 수도사들의 예외가 있지만, 국가와 제국의 특징들을 더 많이 수용하기 시작하여, 점차적으로 제국과 사막의 변증법적 긴장을 점차 극복했으며, 결국에는 교부들의 진정한 종말론적 지향과 비판적이고 예언자적인 정신을 잃거나 망각했다. 신학은 (그리고 이따금 어떤 교부들은) 자주 이러한 동일화나 콘스탄티누스 시대에 도입된 정치신학의 형태에 대한 이데올로기적 옹호론자가 되었고, 어떤 경우에도 이 독특한 형태를 감히 문제시할 생각을 결코 하지 못하게 되었다. 이러한 경향은 오스만의 지배시대에 강조되었는데, 당시 교회는 지방 행정장관의 임무를 맡아서 이교 오스만제국에 대해서 필수적인 충성을 보이지 않으면 안 되었는데, 특히나 교회가 자기 고유한 권리에 있어서도 오스만국가 체계의 일부가 되었을 때였다. 더 이상 국가권력을 문제시할 수 없는 그런 교회는 그들과 함께 지내는 방법을 배워야 했고, 그들과 함께 있으면 안전하다는 것을 배워야 했는데, 이것은 단지 성직자들을 위해서만이 아니라 또한 신자들을 위해서도 사실이었다. 그렇지 않으면 신자들도 이교도 정복자의 분노 희생제물로 전락할 위험에 처해 있었다(다른 한편으로는 이교도 정복자들에 대항하여 출현했고, 1821년의 혁명에서 절정에 이르렀던 다양한 평신도의 종교운동을 여기서 언급해야 하는데, 비록 고위성직자는 아닐지라도 성직자들도 참여했다).

2

잘 알려진 바와 같이 터키 지배의 거의 모든 시대 내내, 발칸반도의 정교회와 동방교회는 공동의 뿌리, 공동의 가치, 공동의 지향을 가진 사람들의 공동체를 보존했었는데, 그것을 루마니아의 역사가 니콜라에 요르가는 같은 이름의 그의 저작에서 "비잔틴 이후의 비잔틴"(Byzance après Byzance)[1]라고 불렀다.

---

1 Nicolae Iorga, *Byzantyum after Byzantium*, Eng. tr. Laura Treptow

이런 이유로 오스만제국의 지배와 비잔티움의 종말에도 불구하고, 모든 정교회 교인들(러시아 제외)은 여전히 공동운명을 공유했다. 발칸반도와 근동(近東)의 정교회 교인들에게 있어서 이 공동운명은 다음과 같은 것에 의해 특징지어졌다. ① 밀레트(millet)체제(민족 집단의)인데 종교적 토대로 기여했고 항상 그렇지는 않았지만, 오스만세계 내에서 조화로운 공존과 문화적, 종교적 다양성을 고무했으며, 그리하여 오스만제국의 오이쿠메네가 만들어졌다. ② 교회의 지방의 행정장관 역할 — 그것은 이교의 군주(술탄) 이전에 (비단 그리스인만이 아니라) 이전의 로마제국의 모든 정교회의, 주로는 콘스탄티노플의 에큐메니칼 총대주교 관구의 지역에서의 정치적 책임과 대표의 역할을 담당했다. 이러한 면에서, 터키의 정복에서 살아남았고 정교회 세계에서 유일했던 제도인 교회는 정치적 공백을 채우려고 시도했는데, 정교회 민족들의 언어와 전통을 보존하고, 이슬람화와 터키화로부터 그들을 보호하는 것을 통해서였다. 아마도 교회가 아주 분명하게 본래의 사명을 포기하도록 강요받았으며, 그 본질과는 동떨어진 문제에 관심 갖게 되었는데, 예를 들어 인종, 언어, 민족문화 정체성의 보존이 그것이다. 하지만 교회는 이것 때문에 비싼 대가를 지불했는데, 교회의 종말론적 전망과 초국가적인 임무를 잊었고, 교회구조와 성례전인 체질을 왜곡했으며, 소수민족적인 것, 국가적인 것을 종교적인 것과 영구

(Oxford: Center for Romanian Studies, 2000).

히 혼동했으며, 민족집단형성과 국가적 다툼의 과정에서 이 시대의 지배와 권력으로 전환했다. "잠정적으로" 이러한 역할을 떠맡은 교회는 주로 영적이고 신학적이며 에큐메니칼한 임무에 관해서 자신을 비웠고[자기비하, 신성 포기], 바로 이날까지 닫기가 어려웠을 삽입어구를 만들었던 것이다. 아무튼 정교회 민족들의 공통된 행보는 유럽 계몽운동과 강력한 영향과 위협받던 민족성에 대한 각성으로 인해 18세기와 특히 19세기에 방향 전환을 시작했다. 발칸반도의 정교회 국가들의 절연과 민족적 파편화는 민족주의 원리의 최종적 우위와 민족국가의 창조, 그리고 그들의 에큐메니칼 총대주교 관구에서 분리되어 자치적인 민족교회의 선언으로 완성되었는데, 이 민족교회들은 국가의 부속물과 국가적 이데올로기를 선전하는 도구가 되었다.[2]

3

전통적으로 정교회 국가들에 있어서, 교회는 그리하여 순수하게 오로지 역사 내에서만 작용하는, 그리고 그 임무를 "인종과 민족 부귀영화의 실현으로" 제한하는(!), 그리고 또 다가올

---

2 이 주제에 대한 충실한 논의는 Pantelis Kalaitzidis, "Orthodoxy and Modern Greek Identity: Critical Remarks from the Perspective of Theology," *Indiktos* 17 (2003), 56-63; idem, "Orthodoxy and Hellenism in Contemporary Greece," *St Vladimir's Theological Quarterly* 54 (2010), 365-420를 보라.

하나님 나라에 관한 설교를, 민족의 구원과 영광스러운 민족종교 과거의 보존으로 변형시키는, 그러한 자기 민족 중심의 덫에 걸렸다. 이것의 논리적이고 불가피한 결과는 민족적인 것과의 종교적인 것의 동일시이며, 기독교의 정체성과 민족의 정체성 동일시이다. 이리하여 설사 기독교의 정체성이 궁극적으로 민족문화의 정체성의 본질적인 요소로 축소된다고 할지라도, 그것은 통일되고 분리할 수 없는 것으로 간주한다.

여기서 기독교의 정체성은 성례전적이고 종말론적인 교회라는 공동체로의 참여에 혹은 이 공동체 속에 포함되는 것으로부터 귀결되는, 뒤이은 윤리적이고 사회적이고 정치적인 결과들에 관련되지는 않았다. 왜냐하면 이 참여는 어떠한 선험적 대상 결정을 넘어서 있어서 여전히 역동적으로 뭐라고 말할 수 없기 때문이다. 오히려 참여의 경계가 민족의 경계와 동일한 시공(時空)에 걸쳐있고, 그 안에 "기독교인"이라는 꼬리표가 반드시 개인적이고 사회적인 생활에 대한 기준이나 교회의 필요조건들을 포함하지는 않고, 도리어 전통적인 문화적 역사적 지정과 연관된다. 그것이 왜 기존의 교회의 수사학에서, 하느님 경륜의 역사에서 획기적인 사건이 죄의 결과 극복, 구원의 실현, 초국가적인 일치를 포함했을 뿐만 아니라, 또한 상징적으로 그들의 실현이 으뜸의 목표인 것처럼 보이는 정교회 민족들의 민족사에서의 사건들에 정서적으로 묶여있는가 하는 것이다. 이리하여 우리는 하느님 경륜의 역사로부터 민족 재탄생의 역사로 중요한 변형, 완전한 퇴보를 보게 된다. 그런데 이것은 단순히 이 세상에서의 왕국 수립을 기대했던 메시아사상의 열성당원판에 동의한 유다 유혹의 논리적 결과이다.[3]

4

비잔티움의 통치의 몰락 후에 국가에의 교회의 역사적 연류와 관련된 이 모든 이유 때문에 교회의 역사적 활동이나 연류는 민족의 투쟁에 대한 헌신과 동일시되었다. 민족, 국가 등과 같은 그러한 집합체와 민족 중심주의라는 면에서 세상에 대한 교회의 임무에 대한 이해는 심지어 추정 상 진지한 신학적 저작에서조차 대세가 되었다. 이러한 견해에 따라, 우리는 국가의 교회 장악에 교회 전적으로 역사를 책임지며, 국가를 통해서 역사에 참여한다. 그리고 이러한 견해에 따라 심지어 세계화의 시대에서조차도, 오히려 세계화의 시대에서 동일한 역사적 형태를 보존하고 있는 것 같다. 예를 들어 국가와 교회 간의 관계에 공헌했던 잡지 *Synaxis*에 이전 호(號)에 기고했던 신학자들의 신학적 비판에 응답했던 아헤루스의 대주교 요시미오스(스틸리오

3 P. Kalaitzidis, "The Temptation of Judas: Church and National Identities," in Theodore G. Stylianopoulos (ed.), *Sacred Text and Interpretation: Perspective in Orthodox Biblical Studies. Papers in Honour of Professor Savas Agourides* (Brookline, MA: Holy Cross Orthodox press, 2006), 355-377, *The Greek Orthodox Theological Review* 47 (2002), 357-379에 재수록됨.

스)가 쓴 편지에서 이렇게 말한다: "수천 년 동안 그들과 함께 살았던 주로 농민들이 모인 교회는 이 사람들의 장소(조국)와 시간(역사)을 그리스도론적으로 책임지지 않을 수가 없다." 계속해서 말하기를, "교회 또한 그 민족의 문화적 구조를 그리스도론적으로 다룬다. 왜냐하면 그것은 교회가 책임지는 민족에 대한 의식의 기본요소를 구성하고 있기 때문이다."[4] 사실상 같은 편지에서 그는 다음과 같이 주장한다. 즉 우리가 시민사회의 커다란 도전에 직면해 있는 오늘날조차도, 교회는 목회적 구조로서의 민족국가를 포기할 수도 없고 포기해서도 안되며(106), "'시민사회'의 소외되고 세속화된 본질로 인해, 교회의 지도력은 순수하게 목회적이고 구원론적인 이유들 때문에, 그 '민족'의 친근한 사회정치적인 구조를 존속시켜야 한다"(107)라고 주장한다. 이리하여 그는 좌익사회학자 바실리오스 필리아스의 신민족주의적인 관점을 완전히 채택하는데(잡지 *Synaxis*의 이전 호에서 그가 그 윤곽을 그린 것처럼5), 그 글에 의하면 "독특한 정치적 실체로서의 민족은 우리가 역사의 물을 마실 수 있는 컵들을 보존한다.… 만일 이 컵들이 깨지면 우리는 역사의 티끌이 되고, 자존(自存)하거나 전(全) 인류적인 실재의 독특한 부분이 되기를 그치고 만다."

---

4 Letter to *Synaxis* 80 (2001), 106.

5 79 (2001), 72.

5

그러기에 공식적 교회의 생각이 세계화를 공격하고 저항을 요구한다는 것은 단순히 우연의 일치가 아니다. 또한 신학적 논쟁이나 기준에서가 아니라, 민족의 독립, 언어, 민족적 독특성, 그리고 인종문화적 정체성의 방어와 관계가 있는 문화적이고 민족적인 논쟁에 의지하는 것도 우연의 일치가 아니다. 예를 들어 그리스정교회의 경우에 있어서, "교회는 경제적 세계화에는 동의하고, 문화적 세계화에는 동의하지 않는다"라고 말하는 가장 공식적인 교회의 목소리(故 크리스토둘로스 대주교)를 우리는 듣게 된다. 그러기에 제도적 교회는 불가분하게 지구화된 세계, 즉 로마의 오이쿠메네와 결합하여 있을 뿐만 아니라, 더욱 중요하게는, 경제적이고 사회적인 차원에서 세계화의 부정적 결과들 특히 예수 그리스도와 교부들의 사상과 생애에 있어서 중심이 되었던 하부계층, 가난한 자들과 사회적 약자들, 역사의 희생자들에 준 부정적 영향을 지적하거나 비판하는 것을 소홀히 하거나 피하는 듯이 보인다. 여기서 일어난 것은 복음의 기준의 완전한 전도(顚倒)이다: 즉 사회적 약자들과 경제적으로 궁핍한 사람들에 대한 변호는 그리스도의 설교에 있어서 절대적인 우선순위였고, 하나님 자신의 이콘이었을 정도였지만,[6]

6 마 25:40: "나는 분명히 말한다. 너희가 여기 있는 형제 중에 가장 보잘것없는 사람 하나에게 해 준 것이 바로 나에게 해 준 것이다."

약화되었고 위험에 처한 민족적, 문화적 정체성의 방어 뒤의 두 번째 순위에 놓였다. 그리스도가 볼 때는 부차적으로 중요한 문제였던 것의 뒤에, 또는 예를 들면 궁극적으로는 그리스도를 배반한 가룟 유다가 속했던 민족적 · 종교적 열성당원 운동에서 우리가 보는 것과 같이[7] 하나님 나라의 도래를 지연시키거나, 그 내용을 저하시켰던 것 뒤에 놓였다. 공식적이고 제도적인 교회는 여러 시대를 거쳐 기독교적 기풍을 구성했던 것을 무시하거나 우회하는 듯이 보인다. 이 에토스를 베르자예프는 그의 유명한 구절에서 다음과 같이 요약했다: "나 자신을 위한 빵의 문제는 물질적인 문제이다. 그러나 내 이웃, 모든 이를 위한 빵의 문제는 영적이고 종교적인 문제이다. 인간은 빵만으로 사는 것은 아니지만, 빵으로 살아가고 또 모든 이를 위한 빵은 반드시 있어야 한다."[8]

6

이 주장이 역설적으로 보이는 만큼 나는 감히 내가 앞에서 언급했던 것을 한 마디로 "종족신학"이라고 명명하고자 하는데, 그것은 완전히 독특하고 아마도 무의식적인 상황신학 버전이

---

7 이 입장에 관한 폭넓은 분석은 나의 논문 "The Temptation of Judas: Church and National Identities"를 보라.

8 Berdyaev, *The Origin of Russian Communism*, 185.

다. 상황신학은 때로는 너무 앞서 나아갈 수도 있지만, 본문과 상황의 밀접한 연관성을 강조한다. 또한 우리로 하여 역사와 사회문화적인 맥락으로부터, 목회적 필요성과 인간문화와 신학적 표현의 가지각색의 상이한 형태로부터 추상화되어 순전히 지성적이거나 학술적인 방식으로는 신학을 할 수 없다는 것을 상기시켜준다.[9] 상황신학에 대하여, 보다 정확하게는 이 독특한 신학적 추세의 방법론에 대하여 많은 정교회신학자의 반대와 유보는 잘 알려진 대로 1971년 벨기에의 루뱅—거기에서 상황신학이라는 용어가 에큐메니컬 대화의 공식적인 문서에 처음으로 사용되었다—에서 열린 획기적인 모임이었던 "신앙과 직제위원회"를 분수령으로 보는데 이후에 정교회는 WCC(세계교회협의회)의 다양한 프로그램에 대하여 대체로 신중한 또는 심지어 비판적인 태도를 취했다.[10] 하지만 정교회 내의 민족 중심적이고 민족신학적인 추세를 주의 깊게 읽고 해석해 보면, 여

---

9 (어떤 면에서는 정치신학과 관련되고 또 상호관계를 가지는) 상황신학에 대한 정교회 신학자들의 긍정적이며 동시에 비판적인 접근에 대해서는 Nikos Nissiotis, *Apology for Hope* ("Theologia," Athens, 1975에서 재간행됨); idem, "Ecclesial Theology in Context," in: Choan-Seng Song (ed.), *Doing Theory Today* (Madras: Christian Literature Society, 1976), 101-124; Emmanuel Clapsis, "The Challenge of Contextual Theologies," in: *Orthodoxy in Conversation: Orthodox Ecumenical Engagements* (Geneva/Brookline, MA: WCC Publications/Holy Cross Orthodox Press, 165-172; Petros Vassiliadis, "Orthodoxy and Contextual Theology," in: *Lex Orandi: Studies in Liturgical Theology* (Thessaloniki: Paratiritis, 1994), 139-215[그리스어]를 보라.

10 Petros Vassiliadis, "Orthodoxy and Contextual Theology," 144-145.

기서 다루고 있는 것은 상황신학이라는 것이 그 용어가 생기기 전의 독특한 버전이라는 것을 확신시켜 준다. 그 독특한 버전의 상황신학은 실제로 상황신학의 원리를 거부하고 무의식적으로 맥락이나 민중과 국가의 개념과 실재의 한 가지 요소만을 적용하거나 절대화하고 있다. 내 생각으로는 이 독특한 정교회의 상황신학은 아마도 정교회 성격 해방신학의 특징을 갖고 있는데, 비록 그것이 민족적 차원으로 분명하게 제한되어 있고, 사회적, 정치적 차원에 대한 무시, 과소평가, 심지어 부정이 나타나 있지만 말이다. 그러나 이것은 확장된 토의를 요하는 커다란 주제이므로, 여기서는 단지 약간의 초기 논평을 하는 것으로 만족해야만 한다.[11]

7

내가 위에서 언급한 모든 것, 요약하자면 민족적/국가적인 것이 신학적/ 교회적/ 사회적인 것에 대해 절대 우위를 가진다

---

11 이 문제는 the Volos Academy for Theological Studies이 주최하고 the Program for Orthodox Christian Studies at Fordham University (Germany), the Romanian Institute for Inter-Orthodox, Inter-Christian and Religious Studies(Cluj Napoca)이 협력한 학술대회 "Neo-Patristic Synthesis or Post-Patristic Theology: Can Orthodox Theology Be contextual?"(Volos, Greece, 2010. 6. 3~6)에서 Mihail Neamptu이 발표한 논문 "Ethno-Theology as a special Case of Contextual Theology"에서 검토되었다.

는 것과 함께, 정교회가 19세기와 주로 20세기 기간 중에 존속했던 독특한 상황을 우리는 또한 명심해야 한다. 그리고 이것은 단지 민족주의적 발칸 국가들의 건국, 정교회 발칸 군주국, 종교적 민족주의 혹은 민족종교의 이데올로기, 신화학, 그들 민족의 상상력에서 발전되었던 설화문학과만 관계가 있는 것은 아니다. 그것은 또한 1917년의 10월 혁명(제2차 세계대전 후에 세워진 동구의 소위 사회주의국가들과 함께)과 전례 없는 반종교적 박해에도 관련되어 있는데, 이 박해의 첫 번째 희생제물이 러시아의 정교회와 다른 정교회 국가들의 교회였다, 그리고 그것은 많은 공산주의자와 좌파정당들이 발전시킨 무신론적 선전과 실천과도 관련되어 있는데, 그로 인해 어떤 다른 곳보다 더 고통받은 정교회 세계에서 반공산주의가 강렬하고 광범위하게 펴졌는데 이는 정교회교회들의 공산주의 체제에 대한 협조와 굴종의 다른 측면이었다. 이러한 면은 사회적이고 정치적인 변화에 대한 물론이고 사회주의자 혹은 심지어 자유주의 정치사상에 대해서도 정교회의 지도층이나 신심 깊은 신자들의 조심스런 태도에서 살펴볼 수 있는 것과 같다.

8

그러면 오늘날 정교회에서의 급진적이고 진보적인 정치신학의 결여에 관한 문제의 해답은, 이미 언급한 나의 책 "20세기

정교회신학의 정체성의 위기와 내향성(內向性)"과 특히 유명한 논문 "교부들로의 회귀"에 대한 간략한 참조 없이는 불완전해질 것이다.[12] 1936년 아테네에서 개최된 제1차 정교회 신학회의에서 게오르기 플오로브스키 신부는 정교회 신학이 "교부들로의 회귀"가 필요하고, 그리고 언어, 전제들, 사고에 있어 서방 신학의 "바빌론적 속박"으로부터 벗어나야 한다고 선언했다. 그는 러시아 신학의 라틴화(化)와 서방화(化)의 오랜 과정을 서술하기 위해서 "pseudomorphosis"(광물학에서 사용되는 용어로 외관상의 변화없이 실체를 바꾸는 것을 의미하는: 역자주)라는 그 용어를 사용하면서 자주 이 본문을 인용했다. 그의 문제 제기는 러시아 디아스포라의 많은 신학자에 의해서 신속하게 채택되었고, 또한 그리스, 세르비아, 루마니아와 같은 전통적인 정교회 국가에서 열렬한 지지자들이 생겼다. "교부들로의 회귀"라는 신학운동은 보다 나은 20세기를 위한 정교회 신학의 보증수표와 주된 패러다임이 되었고, 많은 이들에게 최우선적인 과제가 되었는데 이 유명한 "교부들로의 회귀"와 정교회 신학을 비서방화하려는 노력이 다른 모든 신학적 질문은 물론 현대 세계가 정교회에 대해서 끊임없이 제기하고 있는 모든 도전을 압도할 정도의 과제가 되고 있다. "교부들로의 회귀"와 뒤이은 교

12 Pantelis Kalaitzidis, "From the Return to the Fathers' to the Need fora Modern Orthodox Theology," *St Vladimir's Theological Quarterly* 54 (2010), 5-36를 보라.

부연구에 대한 지나친 강조의 결과는 다음과 같다.

1) 성서 연구의 소홀과 평가절하.
2) 교부 신학과 뒤이은 전통주의의 고양에 대한 비역사적 접근.
3) 내향적 경향과 20세기의 주요한 신학적 발전과 추세에 대한 정교회신학의 총체적 부재.
4) 동방과 서방 간의 양극화와 반서방, 반에큐메니컬한 정신의 촉진과 강화.
5) 현대세계에 의해 제기된 도전들, 더 일반적으로는, 정교회와 현대성 간의 관계에서 아직도 미결된 채로 남아있는 신학적 쟁점에 대한 불충분한 신학적 응답이다.[13]

특히 세 번째 요점과 관련해서, 그것이 서방의 영향과 "교부들에게로 회귀하는 것"과 같은 것으로부터 자유로워지는 바로 그 심각한 문제와 관계있는데 —달리 말하면 자기 이해와 정체성의 쟁점을 다루고 있지만— 정교회 신학은 몇 가지 예외를 제외하고는 기본적으로는 20세기의 주요한 신학적 토의를 결여하고 있었으며 신학적 의제 설정에 있어서도 거의 어떠한 영향도 끼치지 못했다는 것에 주목할 가치가 있다. 변증법적 신학, 실존주의와 해석학적 신학, 역사와 문화의 신학, 세속화와 현대

---

13 *Ibid.*, 5-7, 15.

성의 신학, "새로운 신학"(nouvelle théologie), 상황신학, 희망의 신학, 정치신학, 해방신학, 흑인신학, 여성신학, 에큐메니칼 신학, 선교신학, 종교와 타자성의 신학 — 이러한 20세기의 신학적 활동에서 일어난 모든 혁신이 정교회 신학에는 거의 영향을 미치지 못했다. 오히려 이 기간 중에 정교회 신학은 그 자체의 "내적인" 문제들에 관심을 두었고, "서방의 영향"으로부터 벗어나는 것이 우선순위 중의 하나였다. 아마도 에큐메니칼 신학, 선교신학, 교부신학, 전례의 경신 등의 예외가 있긴 하지만, 중요한 정교회 신학자들이 능동적으로 처음부터 에큐메니칼 운동에 참여했음에도 불구하고, 이러한 신학적 경향들은 정교회에 의해 영향을 받지는 않았던 것 같다.[14]

9

물론 이 모든 것들이 정치신학과 해방신학에 관한 토의가 전혀 정교회 세계에 영향을 주지 못했다는 것을 의미하지는 않는다. 중요한 신학자나 교회의 지도자들, 예를 들어 보세이 에큐메니칼연구원의 전(前) 원장이자 아테네대학의 고(故) 니코스 니시오티스 교수나, 아마도 아랍정교회와 안디오크의 그리스 정교회 총대주교 관구에서 가장 위대한 지성이자 신학자로 여겨지는 마운트 레바논의 조지오 크도르(Khodr) 대주교 같은

---

14 *Ibid.*, 18-19.

이들은 신학적 쟁점에 대해서 열렬하게 쓰고 말했으며, 시대의 도전들에 적극적으로 응답했다. 마운트 레바논의 대주교 조지오는 "성례전과 해방"이라는 주제로 2008년 5월에 프랑스어로 발표했으며, "성례전, 교회, 세계"라는 주제의 볼로스신학연구원 주관 세미나에서 주제 발표를 했다.[15]

그리스의 경우는, 데살로니가와 아테네대학에서 신약성서를 가르친 고(故) 사바스 아고라이즈 교수와 그가 만든 "학파"를 언급해야 한다. 수십 년 동안 아고라이즈는 그리스 지역에서 가장 진보적인 신학자이자 현실 참여적인 신학자였다. 그는 현대 성서의 해석에 의해 직면한 도전으로 발생한 비판적인 대화에 종사했을 뿐만 아니라, 또한 부, 불의, 억압에 대한 성서의 비판을, 제도적 교회와 교회의 기득권자 모두에 비판적인 정치신학을 위한 제안으로 옮길 수 있었다. 이 비판은 또한 가난한 자들, 궁핍한 자들, 외국인들, 이민자들을 소외시키고 억압했던 그리스의 정치체제의 부정의한 구조로 확대되었다.[16] 그의 학생들 가운데서 바울신학과 신약성서 전반에서 사회적 신학을 발전시킨 페트로스 바실리아디스 교수에 대해서 특별히 언급

---

15 Metropolite Georges (Khodr), "Eucharistie et liberation," *Service Orthodoxe de Presse (SOP)* 338 (mai 2009), and Suppléments 330.A.

16 나는 the School of Theology, Aristotle University of Thessaloniki, the "Artos Zois" Foundation, and the Greek Biblical Society가 주최한 Agourides 찬하학술대회(Thessaloniki, 2010.11.9.)에서 읽은 미출판 논문 "Savas Agourides and Prophetic Christianity"에서 Agourides 신학의 이런 면을 제시했다.

하고자 한다.

에큐메니컬 총대주교 바르톨로메오가 그의 공적인 연설과 메시지에서 자신의 영적인 리더십과 신학적이고 종말론적인 인식을 보여주면서 또한 독특한 감수성을 보여주고, 현안이 되는 "정치적" 혹은 세계적 이슈들—예를 들어 종교와 정치의 관계, 인종차별, 종교적 관용, 평화, 사회적 정의, 빈곤, 경제, 생태학, 환경적 위기—에 헌신하고, 그리고 이 모든 중요한 문제들을 관념적 견지에서가 아니라 동방정교회전통의 경험과 심층으로부터[17] 말하는 것을 보는 것은 희망과 격려의 상징이다.

여전히 미미한 추세이긴 하지만 현대 그리스에서의 정치신학에 대한 다른 두 개의 예는 주목할 만한 가치가 있다. 먼저, 우리는 "기독교 민주주의"의 기독교사회주의자운동(그리고 그것의 청년운동인 EXON)을 언급해야 한다. 그것은 자본주의와 마르크스주의 간에 제삼의 길을 찾으려고 노력했으며, 기독교의 이름으로 사회적 변혁과 해방을 약속했다. 그리고 7년간의 군사독재 기간 중에 니코스 프사루다키스 회장과 주간지 *I Chri-*

---

17 그의 최근 저서 *In the World, Yet Not of the World: Social and Global Initiatives of Ecumenical Patriarch Bartholomew*, ed.& Introduction by John Chryssavgis (New York: Fordham University Press, 2010)를 보라. 또 그의 저술 *Encountering the Mystery: Understanding Orthodox Christianity Today* (New York: Doubleday, 2008), 특히 VI, VII, VIII장 89-228를 참조하라. 같은 쟁점에 대해서 Metropolitan Gennadios of Sassima, Archimandrite Evdokimos Karakoulakis (eds.), *Ecumenical Patriarch Bartholomew: Patriarchal Address to Political World (1991~2011)* (Athens: Eptalofos, 2011)를 추가로 보라.

*stianiki*의 용맹스러운 저항에 대해서 특히 언급되어야 한다. 둘째로, 나는 1980년대 초기에 집중되었던 소위 "신(新)정교회" 운동에 주의를 환기하고자 한다. 그것은 한편으로는 교부신학과 러시아의 디아스포라의 신학에 의해 영감을 받은 신학자들에 의해, 다른 한편으로는 정교회와 그리스의 영적이고 문화적인 유산에 관심을 가졌던 마르크스주의자와 신마르크스주의자의 지성들에 의해 진행되었다. 이 신학운동은, 대표적인 인물이 신학자이자 철학자인 크리스토스 야나라스인데, 여전히 많은 청중들을 가지고 있고, 신학과 교회뿐만 아니라 일반 문화와 정치에도 영향력을 발휘하는 아마도 유일한 운동일 것이다. 문화적, 정치적인 영향은 그리스에서 가장 크고 평판이 높은 신문인 *Kathimerini*에서 야나라스의 정기적인 일요칼럼을 통해서이다 이 두 매우 상이한 운동에 관해서 말하고 있는 프랑스의 정교회 신학자 올리비에 클레앙은 그것들이 해방신학의 정교회 버전을 대표한다고 생각한다.[18] 개인적으로, 나는 이러한 평가에 대해서 많은 의구심을 가졌지만, 여기서 이 논의를 매듭지을 수는 없다. 한데 나의 유보적 태도는 사람들이 이 운동들(신민족주의, 신보수주의, 반서방주의, 근대성과 다문화주의 부정)의 결과들을 생각할 때 정당화된다고 본다. 아무튼 우리 시대에 보다 가깝게

---

18 Oliver Clément, "Réflexions orthodoxes sur la 'théologie de la libération'," Service Orthodoxe de Presse (*SOP*), 92-93 (1984)과 영역 "Orthodox Reflections on 'Liberation Theology'," *St Vladimir's Theological Quarterly,* 29 (1985), 63-72.

접해 있는 그러한 논쟁적인 쟁점을 토의할 보다 많은 시간을 가지려고 한다.

4 장

교회와 신학의 공적인 역할

우리가 주목했던 이중적 의미에서의 정치신학에 관한 어떠한 토의도 불가피하게 후기 현대 사회에 있어서 교회의 공적 역할의 정당성 혹은 가능성과 같은 결정적인 문제로 인도한다. 나의 이전의 신학적 분석에 비추어서, 그리고 오늘날 지성인들, 철학자들, 사회학자들, 정치학자들, 신학자들(예를 들어 호세 카사노바, 로날드 F. 티만, 리처드 포크, 존 롤즈, 위르겐 하버마스, 위르겐 몰트만, 엠마누엘 클랩시스, 장 보베로, 레지 드브레)[1]간에 일어나고 있는 극히 중요하고 생생한 토의에 관해서, 나는 이 문

---

1 불행히도 여기서는, 내 책 *Orthodoxy and Modernity: An Introduction*, chap. 8, 127-161 (그리스어; Elizabeth Theokritoff의 영역판은 St. Vladimir's Seminary Press에서 근간 예정)에서 했던, 교회와 신학의 공적 역할에 대한 분석 및 비판적 언급 이외에, 논의를 더 흥미롭게 개괄할 수는 없다. 따라서 나는 그 책에서 전개한 생각 일부를 요약하거나 간단히 반복하는 것으로 만족하려고 한다.

제를 긍정적으로 그러나 아래의 조건 하에서 답하고자 한다:

1

만약에 "공적"인 것이 "국가"와는 다르고, 전자가 후자보다 넓은 개념이라고 하는 한, 그래서 어쨌든 양자가 동일한 외연을 갖지 않는다면, "종교" 아니 교회는 공적이지, 사적인 문제가 아니다. 이것은 두 갈래의 구분(국가와 공적인 것/사적인 것) 대신에 세 갈래의 구분(국가/공적인 것/사적인 것)을 한다는 것이고, 그리고 교회는 국가가 아니라 시민사회에 관련된다는 것을 의미한다.

2

만약에 교회가 자기 영역(이데올로기, 종교, 가치에 관해서 중립적인)의 경계와 조건을 그리고 그 영역에서 확립된 가치를 존중하고 있는 한, 교회는 공적인 영역에 포함될 수 있다. 이러한 가치의 핵심은 현대성의 근본적인 업적과 무엇보다도 인권, 종교의 자유, 차이에 대한 관용, 교회와 국가의 구별되는 역할에 대한 존중이다.

3

교회가 공적인 영역에서 존재하고 행할 수 있다는 것이 이 영역에서 권위를 갖고 있다는 것을 의미하지는 않으며, 그것의 공적인 역할이 모든 것을 포함할 수 있다거나, 관습적인 정교회의 수사학에 친숙한 주제 예를 들어 외교적 사무, 민족적 쟁점, 인종적 정체성 등을 다룰 수 있다거나, 혹은 중세의 "기독교국가"의 모델이나 형태를 ―동방정교회의 경우에는 비잔티움의 신정(神政)과 지역분할적 통치― 재현할 수 있다는 것을 의미하지도 않는다. 다른 종교적 공동체도 참여하고, 또한 다른 종교적 관점을 갖고 있거나 무종교인 개인들이 있는 공적인 영역에 있어서, 교회나 어떤 종교도 무력으로 개입하거나, 새로운 종교전쟁을 선언할 수 없고, 서로 상이하지만 전형적 타자(the Other par excellence)의 형상인 모든 사람의 빼앗을 수 없는 자유를 존중해야 한다.

4

교회는 현대 사회의 또 다른 현실을 이해하고 받아들여야 할 것이다, 그중 하나는 대체로 세속화에 의한 것이다: 하부구조나 자율적인 영역으로의 사회적 분할이다. 이러한 분할에 의하면, 정치, 경제, 사회, 문화, 과학, 교육, 종교는 그것들 자체의 내적인 기능적 자율성을 가진 하부구조를 구성하며, 그리고 민주주의, 자유, 존경, 차이에 대한 관용을 안전하게 지키는 유일한 방법으로 여겨지는 분리의 원리에 의해 다스려진다. 현대인은 종교가 사람들의 다른 하부구조나 활동에 관여하기를 원하지 않거나 혹은 그들에 대해서 감독을 행하기를 원하지 않는다. 왜냐하면 사람들은 이것을, 그렇게 어렵게 획득한 교회의 권력으로부터의 자유와 자치의 침해로 간주하기 때문이다. 더욱이 분리의 원리는 종교에만 적용되는 것이 아니라 어떤 다른 외부의 개입에도 적용된다. 이러한 사회적인 일의 하부구조로의 분리는 얼핏 보기에 현실을 파괴하고 조각내는 것 같거나, 아니면 정교회의 총체적 관점을 거스르는 것 같지만, 세상 사람들의 삶과 인류의 보편적인 변형, 삶의 모든 측면의 갱신과 급진적 변화를 겨냥한다. 하지만 그것은 구별의 토대 위에서 이 책의 두 번째 글에서 보여주는 것처럼, 한편으로는 교회와 권력 간에, 교회와 국가 간에, 그리고 무엇보다도 교회와 황제 간에, 또 다른 한편으로는 카리스마적인 diakonia(봉사)와 세속적인 통제 혹은 지배 간에서 겨냥하지 않는다.

5

중세의/신정(神政)의 전통적 모델은 교회를, 권력을 가진 체제가 무슨 체제이든지 간에 그것에 합법성과 의미를 주게 될 권위를 가지는 것으로 끌어 올렸으며, 그리하여 교회를 공적인, "위로부터" 주어진 권력을 위한 이데올로기적/신학적 변증론자로 만들었다. 이러한 능력에서 교회는 사실상의 공적인 역할을 가졌다(본질로 현대성의 시작과 함께 공적인 것과 사적인 것에 관한 어떤 토의가 있기 전에). 반면에 그것의 신앙과 삶에의 참여는 실제로는 강제적이고 국가의 명령과 질서에 대한 복종과 충성의 일부와 한 덩어리였다. 세속화와 현대성과 함께 온 급진적인 변화로부터 출현한 모델은, 모든 형태에서 교회와 종교를 사적인 것으로 만들었고, 교회의 보호와 그리고 어떤 종교적/형이상학적 참조로부터 공적인 공간과 시민들을 해방시켰으며, 그리하여 교회들로 하여 기독교 공동체들의 자발적인 특성을 깨닫게 했다. 아마도 후기현대성(late modernity)의 오늘날의 이 시대에서 우리가 추구하는 종합은, 후기현대성(post-modernity)과 비세속화 속으로 도피하려는 경향과 함께, 우리 시대의 새로운 요소이자 성취인 시민들의 공동체과 연관된 신학과 교회로부터의 담론이거나, 국가와 시민의 권력이 힘과는 점점 덜 동일시될 것 같은 공적인 공간과 사회에 말해야 하는 담론이거나, 현대성과 세속화의 모든 긍정적인 업적을 존중하면서도 종교적 결사의 본질, 깊이 자발적이고 자유의지에 토대를 둔, 존재하는 권력 혹은 국가와 결합하지 않은 본질을 잊지 않을 담론일는지도 모른다. 하지만 교회와 신학의 이 공적인 담론은 중세의 "기독교국가"나 비잔틴 신정(神政)의 원형과 형태를 재생할 수는 없다. 또한 세상에서 지배나 야심을 가진 경향을 가질 수가 없으며. 또한 어떤 종류의 현대이전의 "기독교 사회" 또는 "기독교 제국"으로 회귀하는 신(新) 낭만적인 꿈을 가질 수 없다(그것이 비잔티움이든/로마든, 차르주의자 러시아든, 현대의 발칸군주국이든 간에). 교회의 공적인 담론은 몸과 친교의 관념에 대한 명백하고 종합적인 언급을 분명히 해야 하는데, 그것으로 위의 것이 외부나 위로부터 부과된 현존 또는 권위에 있어서가 아니라, 봉사의 카리스마적인 목회의 특징을 갖고 있다는 명백한 조건 하에서이지만, 교회의 본질과 존재는 동일시된다.

6

공적인 교회의 역할은 그리스도의 십자가 중심의 기풍을 구현해야만 한다. 그것은 교회가 사는 새로운 현실에 대한 증언과 사회적이고 제도적인 악과 인간 존엄성과 자유의 침범에 대한 저항임에 틀림없다. 또한 그것은 타자, 외국인, 적어도 우리의 형제들, 궁핍한 자들, 사회적 약자들, 역사의 희생자들을 방어해 주는 소리여야 하는데 그들 모두가 전형적 타자(the Other par excellence)요 외지인의 형상이다.

현재의 맥락에서 정교회의 우선적인 관심사가 모든 희생을 무릅쓰고 반드시 국가의 "기독교적인" 또는 "정교회적인" 특성을 보존하려고 하는 것이 아니며, 마찬가지로 "기독교 사회" 또는 "기독교 문명"의 유토피아적이고 유혹적인 환상일 수도 없다. 그 대신 회개의 요청, 하나님 나라에 대한 설교를 수용할 준비, 창조적이고 영적인 풍요로움, 그리스도 중심의 기독교 공동체의 건전함을 불러일으켜야 한다. 우리들 교회의 상황 역설은, 우리의 삶이 조금도 기독교적이 아닌 반면에—우리가 기독교인의 이름을 가치 있게 지니는 것을 어렵게 만들면서—우리는 그럼에도 불구하고 기독교라는 이름의 효용성에 관해서 외치고 불평한다는 것이다. 사실상 우리는 이러한 이름이 초대교회가 그랬던 것처럼 자발적이고 자유로운 결사체나 연합이 아니라, 또한 증언과 선교를 통해서 세워진 새로운 기독교 공동체가 아니라, 우리가 국가나 국가적 교회에서 발견하는 것처럼, 강제적인 결합, 부과된 구성원의 지위를 나타낸다는 것을 확인하기 위해서 싸울 준비가 되어 있다. 이리하여 그리스의 정교회는 —다른 전통적으로 "정교회의" 국가들에 있는 교회는 물론—내적인 영적 쇄신과 개혁을 위한 투쟁에 참여하지 않고, 개방사회의 맥락에서가 아니라, 전통적 폐쇄사회를 동경하는 맥락에서, 공적인 영역에 그것의 현존과 활동을 부과하는 데 자원과 에너지를 소모한다. 이 역설이 계속되는 한, 교회의 신학의 목소리는 계속 공상 속에서 작용할 것이고, 아마도 여전히 환상이 될 것이며, 반면에 그것의 정치적 참여는 증언, 연대, 공정이라기보다는 차라리 중세의/현대이전의 중재 모델로 제한될 것이다.

적어도 정교회의 관점에서 볼 때, 이 책의 이전의 장(章)들에서 야기된 쟁점들에 대한 응답의 열쇠는 종말론에서 발견될 수 있다고 생각하는데, 종말론은 세상에서의 교회의 체류에 스며있는 현재와 미래, "이미"와 "아직 아니" 간 변증법의 관계에 관련되어 있다. 나아가 종말론은 세상의 구조로부터 거리를, 세계와 역사를 자신과 동일시하고 안주하는 것에 대한 거부를 주장하는 삶의 태도를 도입한다. 하지만 세계와 역사 혹은 그것들로부터의 어떤 비상(飛翔)에 대한 경멸의 자취도 없다. 종말론은 신앙과 미래와 역사의 최종적인 결과에 대한 개방은 물론, 또한 과거에 대한 회개를 수반한다. 반면에 그와 동시에 역사에서의 어떤 최종적이고 기존의 의미의 영구적 정지를 가리키고, 모든 제도의 의미에 대한 끊임없는 회의와 급진적인 비판을 가리키며, 나아가 끝없는 운동의 관념과 끊임없이 계속해서 풍요를 얻는 것을 암시한다.

2부

종말론과 정치

5장_ 종말론적 차원

6장_ 교회와 정치, 직제와 권력

7장_ 종말론이냐 신정(神政)시대냐, 하나님이냐 황제냐

5 장

종말론적 차원

종말론에 관한 어떤 토의도 불가피하게 교회의 정체성과 본질로, 무엇보다도 교회가 진실로 무엇인가라는 주제로 귀결된다. 하지만 그것에는 미래와 갱신되는 영의 바람이 수반되는 기대의 요소 또한 도입된다. 이러한 요소들은 교회의 삶과 신학에서 결정적이지만, "정교회 전통으로의 회귀"에 대한 운동이 — 적어도 그것이 여태까지 이해되어 왔고 이행되어 온 방법으로는— 전통을 전통주의로 변질시키고, 게오르기 플오로프스키 신부의 "교부들로의 회귀"(그의 사상에서는 "교부들에 앞서서"라는 움직임과 동시에 나타나는)로의 추동은 오늘날 교부들의 객관화와 "박제화"로 변질되는 한 무엇인가 부족하다.[1] 정교회의 대

---

1 이 주제에 대한 진전된 연구는 Pantelis Kalaitzidis, "From the 'Return to the Fathers' to the Need for a Modern Orthodox Theology," *St Vladimir's Theological Quarterly* 54 (2010), 5-36를 보라.

신학자이자 역사가인 요한 메이엔도르프 신부가 말했듯이, "종말론이 없으면 전통주의는 단지 과거로 변질된다. 그것은 단지 고고학, 골동품 연구, 보수주의, 반동, 역사의 거부, 현실도피에 불과하다. 진정한 기독교 전통주의는 과거를 단지 과거이기 때문이 아니라, 그것이 미래에 대처하고 맞이할 수 있는 유일한 길이기 때문에 기억하고 유지한다"[2]라고 함과 같다.

하지만 어떤 신학 경향은 전통을 전통주의로 변화시켰고, 우리로 하여금 주로 —심지어 배타적으로— 교회의 정체성을 과거와 어울리도록 가르쳤는데, 이는 우리를 일반적으로 시대와 역사와의 보조(步調)를 영구히 벗어난 정통신학에 길들여지도록 만들었다. 사실상 정교회신학은 —특히 전통적으로 정교회 환경(milieu)에서는— 역사와 사회문화적 맥락에 참여하는 것에 관해서는 일종의 관성으로 인해 자주 고전(苦戰)하고 있다. 역사의 과거와 현재가 창조적이고 비판적인 관계가 없고, 문화에서 전통이 보수주의와 동의어가 되어버린 정교회는 비잔티움, 안디옥의 기독교, 거룩한 러시아, 세르비아의 중세 왕국, 정교회의 루마니아 등에 대한 향수, 나아가 그것의 숭배라는 진흙탕에 빠지고, 교회를 민족적 영속성과 문화적 정체성의 보호자와 보증인의 역할로 제한하는 인식의 함정에 빠진다. 그래서 정교회는 통상 진지한 신학적 숙고에 참가할 수 없고, 당대의 세

---

2 John Meyendorff, "Does Christian Tradition have a Future?" *St Vladimir's Theological Quarterly* 26 (1982), 141.

계에 평등하고 창조적으로 참여할 수도 없다. 사회, 문화, 정치에 있어서의 교회의 변혁적 현존과 활동은 단지 희망적 생각으로만 축소된다. 이리하여 정교회 맥락에서의 지배적 담론은 기독교의 보편성과 교회 일치성보다는 통상 민족문화 이데올로기와 민족적 서사의 독특성을 보존하는 데 더 관심이 있는 것 같다. 그것은 세상에서의 교회의 삶과 예언자적 현존에 대한 증언자로서 기여하기보다는 오히려 권위주의적이고 국가의 지원을 받는 기관처럼 보인다. 그리하여 교회의 말은 세속화되었고 사실이 왜곡되었는데, 사회와 정치가 변형되고 신성화되기보다는 정치가 교회를 침범하고 있다는 것이다.[3]

특별히 그리스의 상황과 관련해서는, 심지어 1960년대 신학의 희망적 전환도 전통에 대한 "근본주의적" 접근에 궁극적으로는 저항할 힘이 없음이 입증되었다. 소위 신정교회운동의 결과로서 1980년대에 널리 알려지게 된 이러한 신학적 경향은, 그것이 문제적인 신학적 토대(역사적, 성서적, 종말론적인 것을 희생시킨 신비주의, 부정신학[apophaticism, 부정하며 신을 믿는 것], 포로톨로지[protology, 사물의 기원과 처음의 상태를 지나치게 강조한 것])를 가졌기 때문이거나, 또는 서양의 근대성에 대한 마니교도와 같은 전반적 거부나 교회의 보편성을 그리스정

---

3 이 내용을 더 살펴보려면 Pantelis Kalaitzidis, "La relation de l'Eglise à la culture et la dialectique de l'eschatology et de l'histoire," *Istina* 55 (2010), pp. 7-25를 보라.

교회와 헬레니즘 중심주의로 대치하려는 유혹으로부터 거리를 두지 못했기 때문이었던지, 결국 이러한 사상의 노선과 깊이 동화된 것으로 끝나고 말았다.[4]

다시 교회와 세계, 교회와 역사의 관계에 대한 명백한 문제와는 별도로, 정치에 관한 담론은 세상에서 나타남에 있어 그 기원, 본질, 권한의 한계에 관한 토의로 나아가며, 교회의 세속화의 "유혹"과 "징후"로서 권력의 현상에 관한 연구를 요청한다. 그것은 또한 교회와 영적인 삶에 있어서 율법주의의 주요한 문제를 밝혀주는데, 한편으로는 율법과 계명이 그리스도 안에서의 새로운 생활에서 기능하는 방식을 보여주고, 다른 한편으로

---

4 더 철저한 분석은 Pantelis Kalaitzidis, *Greekness Antiwesternism in the Greek Theological Generation of the 60's*, PhD Dissertation School of Theology, University of Thessaloniki: 2008; idem, "Orthodoxy and Hellenism in Contemporary Greece," *St Vladimir's Theological Quarterly* 54 (2010), 특히 393-412를 보라. 특히 "neo-Orthodox"운동에 관해서는 Vasilios N. Maklides, "Neoorthodoxieeine religiöse Interllektuellen- strömung im heutigen Griechenland," in P. Antes · D. Paahnke (ed.), *Die Religion von Oberschichten: Religion-Orifession-Intellektualismus* (Marburg, 1989), 279-289; idem, "Byzantium in Contemporary Greece: the Neo-Orthodox current of Ideas," in: David Ricks · Paul Magdalino (ed.), *Byzantium and the Modern Greek Identity* (Aldershot: Ashgate, 1998), 141-153를 보라. Yannaras는 지금까지 영어로 간행된 그의 저작들 가운데 *The Freedom of Morality*, tr. Elizabeth Briere (Crestwood, NY: St Vladimir's seminary Press, 1984), 131-136; 또 *Orthodoxy and the West; Hellenic Self-Identity in the Modern Age*, tr. Peter Chaberras and Norman Russel, Brookline (MA: Holy Cross Orthodox Press, 2006), 273-306(제19장, "The 1960's")에서만 neo-Orthodox 운동에 대해 직접 언급한 것 같다.

는 비잔틴 스타일의 신정(神政)이나 어떤 이상적인 "기독교인의 사회"로의 향수적 회귀에 대한 신학적 비판의 기회를 제공한다. 하지만 우선으로 종말론과 정치에 관한 담론은 우리로 하여 교회의 보편성의 본질, 한계와 의미 그리고 일치의 종말론적 신비의 지금 여기에서(*hit et nunc*)의 실현에 요구되는 모든 것을 진지하게 생각하게 만든다. 만일 "그리스도교가… 심오한 의미에서 모든 종교의 끝이라면," [그리스도]가 새로운 종교가 아니라 새로운 생명을 열었다면"[5] 그리고 우리 시대의 정교회 신학이 그것은 가지고 있다고 말하기를 좋아하듯이, 만일 성자와 하나님 말씀의 성육신과 더불어 세속과 신성 간의, 물질적인 것과 영적인 것 간의, 물리적인 것과 형이상학적인 것 간의 구별이 극복되었다면, 그렇다면 정치의 쟁점들은 정교회 신학의 바로 기초가 되는 이러한 확신과 삶의 교회적인 방법의 보편성에 대한 우리의 일관성과 충성을 시험하고자 시도한다. 그것은 동시에 견고한 종말론적 지향을 가지지 않고 현재의 정치적 쟁점들에 교회가 참여하기에 제기되는 위험과 유혹—그러한 간절한 시도가 민족문화의 정체성의 필수불가결한 한 요소로 인식되는 것에서부터, 경우에 따라 노골적인 정치적 권력에의 지지나 두려움까지—을 동시에 강조한다.

물론 우리 시대에 있어서 정체성, 교회와 권력, 혹은 신학과

5 Alexander Schmemann, *For the Life of the World,* 제2판 (Crestwood, NY: St Vladimir's Seminary Press), 1973, 19-20.

정치 간의 상호관계에 대한 어떠한 토의도 종말론적 공동체로서의 신학적 전제들과 교회의 의식에 낯선 것으로 여겨질 수밖에 없는 이미지를 생각나게 한다. 불행히도 비잔틴 시날레리아(synallelia)혹은 심포니아(symphonia)의 이상화와 오스만의 점령 기간 중에 소멸에 직면한 정교회 교회의 어쩔 수 없는 노예적인 관행의 반역사적인 모방은 역사 안에서의 기독교인들의 역설적인 지위에 대한 의식과 교회와 권위적인 기풍과 종말론과 권력 간의 양립할 수 없고 화해할 수 없는 관계는 물론 교회와 봉사(diakonia) 간의 그리고 종말론과 정치 간의 부정할 수 없는 연계까지도 우리로부터 빼앗아버렸던 것처럼 보인다. 이 책에서 우리는 우선은 지면 관계상 앞서가야만 했었는데, 우리가 방금 언급한 문제들에 관한 어떤 그 이상의 토의와 어떤 종류의 해결책도 제공하도록 그냥 놓아두자. 그리하여 교회와 세계는 물론 교회와 역사 간의 관계와 기독교의 종말론적 차원에 대해서 간략히 살펴본 후에, 우리는 주로 교회와 정치의 쟁점을 다루는 것으로 넘어갈 것인데, 한편으로는 교회의 직분의 본질과 권위에 대한 쟁점을 간략히 언급할 것이다. 물론 이것은 토의하고 있는 주제에 대한 체계적이고 철저한 취급이라기보다는 기초적인 접근이다.

우리는 종말론의 관점으로부터 정치의 이슈들을 —그리고 권위에 수반하는 문제들을— 검증할 것을 제의하는데, 왜냐하면 종말론이 교회 생활의 진정성의 기준이고 척도라고 믿기 때문이다. 물론 종말론은 동방정교회 전례와 신학적 전통의 특징적인 모습이다. 그럼에도 불구하고 오늘날의 정교회는 종말론이 결여되어 있는 것으로 잘 알려져 있다. 초기 기독교와 초대교회의 원래의 토대는 종말에 대한 기대와 새로운 세상에 대한 오랜 바람과 동일시되었던 다가올 하나님 나라에 대한 설교와 그 나라에 대한 고대였다는 것이 잊혀 왔던 것 같다.[6]

이미 복음서에서 그리스도는 역사의 마지막 날에 자기 왕국을 세우고, 자신의 인격에 중심을 둔 한 몸이 되도록 흩어진 하나님의 백성을 한곳에 모아 그의 인격에 중심을 둔 한 몸이 되도록 하는 유대인이 기다리던 메시아와 동일시되었다.[7] 복음서와

---

6 마 6:10; 눅 11:2: "아버지의 나라가 오게 하소서"; 벧후 3:13: "그러나 우리는 하나님의 약속을 믿고 새 하늘과 새 땅을 기다리고 있습니다. 거기에는 정의가 깃들어 있습니다"; 계 21:1: "그 위에 나는 새 하늘과 새 땅을 보았습니다"; 계 21:5: "보아라, 내가 모든 것을 새롭게 만든다" 참조. [모두 NRSV에서 인용.] 또 사도가 오래 열망해온 미래의 새 세상에 관해 언급하는 롬 8:18-25 참조. 또 Alexander Schmemann, *Our Father,* tr. Alexis Vinogradov(Crestwood, NY: St Vladimir's seminary Press, 2002), 36도 참조: "하나님 나라에 대한 가르침이 그리스도의 전파와 가르침의 핵심에 놓여있다는 사실의 확신은 복음서들을 한번 읽는 것으로 충분하기 때문이다. 그리스도는 나라의 복음을 전파하러 왔다."

7 이 문단에 나타난 관점의 성서적 토대에 대해서는 주로 다음 저작들에 의존했다: Ioannis Karavidopoulos, "The Church in the New Testament," *What is the Church,* Seminar of Theologians of Thessaloniki (Thessaloniki, 1968), 31ff.[그리스어]; Damianos Doïkos, "The Church in the Old Testament," *What is the Church,* 10-24[그리스어]; Petros Vassiliadis, "Church-State Relations in the New Testament," *Biblical Hermeneutical Studies* (Thessaloniki: Pournaras, 1988), 437-439[그리스어]; idem, "The Eucharistic Perspective of the Mission of the Church," *Academic Yearbook of the School of Theology, Aristotle University of Thessaloniki,* New

초기 기독교 공동체에 있어서, 그리스도는 마지막 날의 메시아와 정확하게 동일시되므로, 구약성서의 모든 종말론적 기대는 그리스도의 인격 속에서 실현된다. 이것은 하나님 나라의 새로운 세계는 이미 그의 오심과 더불어 세워졌다고 알리는 "하나님 나라의 비유"에 요약된 그의 실제적인 가르침은 물론, 그리스도가 자신을 묘사하기 위해 사용했던 다양한 메시아 칭호("인자", "하나님의 아들", "하나님의 종", "왕", "메시아" 등)에 의해 확증된다. 초대교회는 자신을 그리스도 메시아가 이미 시작된 새로운 삶, 새로운 시대에 참여할 수 있도록 자신의 주위에 모을 마지막날의 공동체로 생각했다. 하나님의 영감을 받은 신약성서의 저자들은 기독교 교회를 구약성서의 하나님의 백성들의 그리스도 안에서의 연속과 재확립으로 나타냈다. 교회는 새로운 이스라엘, 하나님의 새로운 선민, "하나님의 이스라엘"(갈 6:16)과 "택함을 받은 족속, 왕과 같은 제사장, 거룩한 민족, 하나님의 소유가 된 백성들"(벧전 2:9), "은총에 의해 택함을 받은 남은 자(롬 11:5)"인데 이는 그런데 그들에게 있어서 구약성서의 모든 약속이 여전히 유효한 마지막 때의 하나님의 거룩한 백성들이다. 교회는 종말론적 공동체, 종말론적 이스라엘이지만, 배타성의 어떤 주장이나, 분리주의, 지방주의, 종족주의의 정신과는

Series 7 (1997), 26ff.; John D. Zizioulas, "The Early Christian Community," idem, *The One and the Many: Studies on God, Man, the Church and the World today,* ed. Fr Gregory Edwards (Los Angeles, CA: Sebastian Press, 2010), 특히 147-150, 153-155.

거리가 멀다. 그것은 아브라함으로부터 "육신에 따라" 생물학적 혈통에 의한 것이 아니라, 오히려 그리스도 안에서 하나님과 인간 사이의 은혜와 의의 새로운 관계에 의한 것이다. 그리스도 안에서 모인 하나님의 백성들이 구성한다는 교회에 대한 이러한 종말론적 의식은"성도들"(행 9:32, 41; 롬 1:7, 8:27, 12:13, 15:25), "택함을 받은 자"(롬 8:33; 골 3:12), 유대교에서는 마지막 날에 택함을 받은 모임으로서 표시되고 있는 "하나님의 교회"(고전 1:2; 고후 1:1)라는 용어로 첫 번째로 신약성서에서 표현되고 있다. 두 번째로, 교회라는 이름이 이 공동체에 주어졌던 오순절 성령의 강림을 통해서 최초의 기독교 공동체가 형성된 곳은 물론, 구약성서의 기대와 일치하여, 하나님의 묵시록과 메시아와 그의 왕국의 명시의 중심지인 예루살렘의 애초의 교회와 연관해서도 명백한 것이다.

이미 사도 바울의 결정적 헌신에 의해 나타났던 성령강림절 이후의 제2세대에서는, 교회는 한층 더 세계적이고 보편적인 특성을 얻고 있었다. 유대인이나 이방인이나, 할례자나 비할례자나, 율법을 지키는 자나 지키지 않는 자나, 노예나 자유인이나, 남자나 여자나 누구나 다 교회에 소속될 수 있었다. 교회는 영적인 백성, 새로운 이스라엘, 영적 이스라엘로 보였는데, 후대의 신학자들에 의하면, 교회의 진리는 지상의 나라, 지상의 조국 위에 또는 그것을 초월하여 놓이는데. 왜냐하면 이러한 것들은 단지 육신의 속성이나 구세계의 표현에 불과하기 때문이다.[8] 따라서 기독교인들은 변증론자 아리스티데스의 말을 회상한다면 "제3의 종족"이며[9] 유대인도 그리스인도 아니며, 따라서 카이사레아의 성 대바실리오스가 쓴 것처럼, "그리스도를 믿는 모든 자는 한 백성이며, 비록 많은 지역에서 불러모은 것이라 해도, 모든 그리스도의 백성은 한 백성이다."[10] 그때 교회는 하나님의 종말론적 백성으로서, 어느 때와 어느 장소에서도 일치의 종말론적 신비를 나타내고 실현하도록, 그리고 모든 종류의 차별과 분열(종족, 성별, 종교, 문화, 사회적 계급, 계층, 직무)을 그리스도 안에서 극복하고 실현하도록 부름을 받았다.[11] 그러기에 교회는 지리적 분리를 통합함으로써 지리적인 보편성을 단순히 구현하는데 그치지 않고,[12] 실제로 어떤 종류의 분리도, 보

---

8 참조: Gregory Nazianzen, *Against the Arians, and Concerning Himself* (Oration 33), PG 63, 229A; idem, *On the Holy Martyr Cyprian* (Oration 24), PG 35, 1188 B; idem, *Panegyric on Caesarius* (Oration 7), PG 35, 785C.

9 Aristides, *Apology* 2:1. *Apology* 15:1 참조.

10 Basil of Caesarea, *Letter 161*, PG 32, 629B. Philip Schaff and Henry Wace (eds.), *Nicene and Post-Nicene Fathers,* Second Series, Vol. 8 (Buffalo, NY: Christian Literature Publishing Co., 1895)의 Blomfield Jackson 영역본.

11 예를 들면 갈 3:26-29; 골 3:10-11; 고전 12:12-13 참조.

12 참조. 성 마르코 전례 성찬 기도: "오, 주여, 주님의 거룩하고 유일한 보편적 사도의 교회를 기억해주십시오. 세상 끝날부터 그 모든 것의 마지막까지, 또 주님의 온 백성과 주님의 모든 양 떼를." Ioannis Fountoulis, *The Divine Liturgy of the Apostle Mark*, 제2판 (Thessaloniki, 1977), 45-46. 또 idem, *The Divine Liturgy of the "Apostolic Constitutions* (Thessaloniki, 1978), 34 [그리스어]도 참조하라.

편성을 손상하는 어떤 것도 극복하여, 그리스도 안에서 일치와 동일성으로 나아간다.[13] 성 요한 크리소스톰이 명민하게 요약했듯이, "교회라는 이름(ecclesial)은 분리의 이름이 아니라, 일치와 조화의 이름이다."[14] 예루살렘의 성 키릴로스에 따르면 "교회는 에클레시아(ecclesia)라고 맞게 불리었는데, 왜냐하면 모든 사람을 불러 모으기 때문이다."[15]

하지만 정교회 전통에서 하나님 나라의 기대가 하늘에서 정지된 채 있는 것은 아니다. 그것은 종말의 맛보기 경험과 거룩한 성체성사에서 제공되는 다가올 왕국의 예언자적 선포와 관련되어 있는데, 그 성체성사는 성찬식이 역사에서의 종말의 형상이자 상징으로 여겨지는 한, 교회의 본질적 신비로서 교회를 구성하고, 흩어진 하나님의 백성들을 한곳에 모으는 것이다.[16]

---

13 Maximus the Confessor, *Mystagogy 1*, PG 91, 664D-668C 참조.

14 John Crysostom, *Homilies on 1 Corinthians, Homily 1*, PG 61, 13. Philip Schaff (ed.), *Nicene and Post-Nicene Fathers*, 1st Series, Vol. 12 (Buffalo, NY: Christian Literature Publishing Co., 1889)의 Talbot W. Chambers 영역본.

15 Cyril of Jerusalem, *Catechetical Lecture* 18, 24, PG 33, 1044B. Philip Schaff and Henry Wace (eds.), *Nicene and Post-Nicene Fathers,* 2nd Series, Vol. 7 (Buffalo, NY: Christian Literature Publishing Co., 1894)의 Edwin Hamiton Gifford 영역본.

16 참조. John D. Zizioulas, "The Early Christian Community ," 149: "부활하신 그리스도에 대한 신앙은 바로 그 시초부터 두 개의 분명히 모순된 요소를 포함했다. 한편으로 그것은 부활하신 주(主)과 특히 그와 함께 식사하는 형태로, 만남을 포함했다. 다른 한편으로 그것은 고통, 불공정, 죽음, 추종자들의 박해를 종식시킬 그의 귀환, 그의 파루시아(parousia, 재림)에 대한 기대를 포함했다. 이것은 기독교의 영성이 역사와 종말론 사이에 있는 변증법적인 어

진정으로 초대 기독교 공동체는 바로 그 시작부터 성찬식을 흩어진 자들의 모으고, 분열된 자들을 연합시키며, 천국의 잔치에 참여하는 것으로 이해했다. 『디다케』의 성찬식 항목에서 다음과 같은 특징을 언급하고 있다: "이 부서진 빵이 산 위에 흩어졌다가 이후 함께 모아서 하나가 된 것처럼, 여러분들의 교회도 당 끝에서부터 하나님의 왕국 안으로 함께 모아질 수 있다."[17]

불의, 분열, 쇠퇴, 죽음과는 멀리 거리를 둔 하나님 나라의 기대와 또 다른 삶에 대한 비전은 교회의 신학과 전례적 실천의 나머지 영역을 특징짓는다. 예를 들어 5세기 말부터 성례전 집

떤 것을 경험해야 했다는 것을 의미하는데, 하나님 나라가 이미 도래했다는 굳은 확신과 그와 동시에 그것이 곧 도래한다고 열렬히 기도하고 기대했던 굳은 확신 사이에 있었던 경험이다." 또 147-150, 153-155도 참조하라. 종말론과 성체성사의 관계에 대해서는 Metropolitan of Pergamon John (Zizioulas), "Eucharist and the Kingdom of God," *Ehchristic Communion and the World*, ed. Luke Ben Tallon (London: T&T Clark, 2011), 특히 41도 참조하라: "그러나 성체성사의 종말론적 특성을 확정하는 일에서 가장 중요한 요점은 성체성사의 뿌리가 최후의 만찬뿐만 아니라 부활 후 40일 동안 그리스도의 나타나심에도 역사적 근거를 둘 수 있다는 사실이다. 이 현현 기간 동안에 부활하신 그리스도께서 제자들과 빵을 떼시고 그들과 함께 잡수신 것을 우리는 알고 있다(눅24, 요21)." 또 *ibid.*, 50-82도 참조하라. 또 같은 저자, "The Theological foundation of the Mystery of the Divine Eucharist," *Koinonia* 31 (1988), 103-106도 참조.

17 『디다케』(열두 사도들의 가르침), 9.4. 10.5도 참조. Michael W. Holms (ed. & rev.), *The Apostolic Fathers* (Grand Rapids, MI: Baker books, 1999), 261의 J. B. Lightfoot and J. R.. Harmer 영역본. 참조. The Sacramentary of Separation of Thmuis, 13.1. "빵을 뗌"과 교회의 일치에 대한 종말론적 해석에 대해서는 Justin Taylor, "La fraction du pain en Luc-Acts," J. Verheyden (ed.), *The Unity of Luke-Acts* (Leuven: Leuven University Press, 1999), 284ff. 참조.

회가 정점에 이르렀을 때 선포된 니케아-콘스탄티노플신조[18] 에서 잘 볼 수 있다. 그것은 또한 정교회의 성화상 전통을 반영하는 데, 성화상은 주류적 견해와는 반대로, 어떤 신성하고 영원한 원형, 즉 사물의 본래적이고 부패하지 않으며 이상적인 상태인 프로톨로지(protology)가 아니라 종말론을 표현하고자 했다. 종말론은 창조되지 않은 빛과 미래의 영광으로 가득 찬 변형되고 새로워진 하나님의 세계인데, 그 세계는 현재의 부패하고 한시적인 나라가 아니라 종말의 하나님 나라를 말하는 것이다. 정교회의 아이콘은 과거의 모방과 복제품이 아니라 제8일과 다가올 하나님의 나라, 그리하여 끊임없이 새로운 창조를 향한 종말의 거울이자 전례적 창문이다.[19]

그리고 탁월한 정교회 신학자들에 의하면, 교회의 정체성 즉 교회를 다른 종교들과 공동체로부터 구별시켜주는 핵심적 차이이자 교회로 하여금 참으로 교회되게 하는 것은 신앙고백이나 도덕적 완성, 교회가 제공할 수 있는 치유적 접근이나 심리

---

18 참조. "죽은 자들의 부활과 앞으로 올 시대의 삶을 기다린다."

19 정교회의 성상(聖像)에 대한 종말론적 해석은 Dimitris Bekridakis, "The Icon: 'An Open Window on the Eighth Day' or the End of Arts?," Pantelis Kalaitzidis (ed.), *The Church and Eschatology,* Volos Academy for Theological Studies, Winter Program 2000~2001 (Athens: Kastaniotis, 2003), 223-250[그리스어]; Fr Stamatis Skliris, "Secularization and Eschatology in Orthodox Iconography," *Diavasi* 39 (2002), 3-12[그리스어]; idem, "Free Creativity and Replication Within the Orthodox Iconographic Tradition," *Synaxis* 85 (2003), 특히 21-28를 참조하라.

적 지원이 아니라, 거룩한 성체성사이다.[20] 거룩한 성체성사는 성례전적인 의례나 경건함의 개인적인 종교적 표현이 아니며, 또한 교회라는 '몸'을 희생하면서, 단지 그들의 독특한 역할 때문에 성찬식 집회를 수행하거나 심지어 주교 대신에 성체미사를 올리는 사제와 같은 단 한 사람 혹은 여러 자율적 성직체제(주교들)의 권한과 지배를 확증하고 강조할 기회도 아니다.[21]

신성한 성체성사가 신정(神政) 논리의 복잡한 부분에 따라서는 비잔틴 황제의 유형과 자리로 보이거나, 그래서 그리스도의 유형과 자리에 서 있는 것으로 보이는 세속적 통치자인 황제의 역할과 권위를 촉진하기 위해서 제공되는 것은 더더욱 아니다. 도리어 거룩한 성체성사는 교회인 그리스도의 몸의 일치와 친교의 신비이다. 그것은 참여와 평등, 하나님과 우리 인간과 피조물 간의 보편적 친교의 신비이다. 왜냐하면 거룩한 성례성사는 심지어 그 출발점으로 모든 종류의 신체적 속박과 위계 그

20 Metropolitan of Pergamon John (Zizioulas), "The Church and the Eschaton," Pantelis Kalaitzidis (ed.), *The Church and Eschatology* 29 ff..

21 페스로스 바실리아디스가 주목한 대로, 주교직에 특별한 의미가 부여된 것은 AD 2세기에 이르러서였다. 그럼에도 불구하고 감독제 중심의 교회론으로 잘 알려진 안디옥의 이그나티우스조차, "과거에 잘못 생각했던 것과 달리, '군주적' 감독직은 결코 마음먹지 않았다. 이그나티우스의 교회 개념은 순전히 종말론적이었다." 참조. PetrosVassiliadis, "Apostolic-Diakonia-Episkopi: The Contribution of the Book of Acts to the Development of Early Christian Ecclesiology," *Biblical Hermeneutical Studies* (Thessaloniki: Pournaras, 1998), 380-381[그리스어].

리고 모든 종류의 타락한 성별, 인종, 국적, 언어, 문화, 사회계급, 계층, 출신에 의한 차별이 상대화되고 극복되었기 때문이다. 이것의 가장 오래되고 가장 대표적인 예는 예루살렘의 초기의 기독교 공동체의 예배와 생활을 언급하고 있는 사도행전[22]의 잘 알려진 구절에서 볼 수 있다. 그것은 부활과 급진적인 사회적 변혁을, 성례전과 자발적인 공동소유를, 성례전의 식탁과 식탁공동체를 연결시킨다. 사도행전에 의하면, 그리스도의 부활을 믿는 예루살렘의 최초의 기독교인들은 사도들의 가르침에, 그들의 서로 간의 친교에, 신성한 성례전의 거행에, 기도에 헌신했으며, 모든 것을 분리하거나 구별하지 않고 공동으로 모든 것을 소유했다.[23] 성례전적이고 종말론적인 토대가 없으면 공동소유와 사회적 실천은 일반적으로는 그들의 성사적인 깊이를 잃고, 행동주의와 낭만적인 몽상으로 떨어진다. 반면에 성례전 또한 사회적 근거와 동력이 없으면 일치와 친교의 신비, 종말의 맛보기와 예언자적 선포, 세상과 역사를 변화시키는 행위가 아니라 단지 종교적인 모임, 성례전적인 의례, 경건함의 개인적인 표현밖에 되지 못한다. 오히려 진짜 성례전은 비록 위

---

22 행 2:42-47; 4:32-37; 6:1-6.

23 참조. 초기 기독교 공동체의 공동소유 선례에 대한 크리소스톰의 찬사와 이 모델을 콘스탄티노플의 기독교인들이 다시 채택하도록 설득한 그의 노력: *Homilies on Acts* , 11, PG 60, 96-98. 참조. *Homilies on First Corinthians,* 10, PG 61, 85-88. 공동생활을 하는 수도사의 금욕 생활은 예외로 하고, 우리는 초기 기독교인의 자발적인 공동소유의 선례가 기독교 역사 속에서 또 역사를 통틀어서 드물게 남아있는 현상이었던 것을 인정해야 한다.

계적인 성직자에 의해 거행된다고 할지라도, 실제로 타락한 세상의 기득권을 보여주는 위계적 세계와 계급적 구조, 그리고 권위주의적인 계층구조의 와해를 초래한다. 그리고 진짜 성례전은 처음에는 전례가 "전례를 좇아 전례" 안으로 흘러가기 때문에 성례전과 일치의 신비가 연결되고, 두 번째로는, 전례의 거행이 사람들의 보편적인 참여[24]와 히브리서에 구상된 것처럼 카리스마적 성직으로 중보적인 유대교의 제사장직을 극복했기 때문에[25] 성례전과 급진적인 사회의 변화가 연결되는 식이다. 왜냐하면, 만일에 성례전이 참으로 종말의 형상과 맛보기라면, 그리고 성례전이 참으로 교회와 성사를 구성한다면,[26] 그것과 연계되어 있는 교회의 소명 혹은 "직무"는 잊어버린 성례전적 기초, 더 나아가 종말론적 기초를 재발견할 필요가 있는데, 이것은 교회가 예언자적 선포와 하나님 나라의 표현으로서 이스라엘종교의 제사장단이나 계층제적 구조를 단지 모방하지 않

---

24 λεῖτον(λαὸς: 사람들)과 ἔργον(일)에서 유래한 그리스어 λειτουργία의 어원 참조.

25 히브리서에서 유대교의 중보적 사제직을 기독교의 은사적 사제직으로 대체한 것에 대해서는, 동방정교회의 관점에서 철저하게 분석한, Nikos Matsoukas, *Dogmatic and Creedal Theology*, Vol. II (Thessaloniki: Pournaras, 1985), 303-305[그리스어] 참조 (E. Pavlidou의 이탈리아어역은 *Theologia dogmatica e simbolica ortodossa*, v. II [Bologna: Dehoniane, 1996], 164-165.)

26 예를 들면 Nicholas Cabasilas, *A Commentary on the Divine Lituegy,* PG 150, 452CD: "The Church is represented in the holy sacraments"; 그리고 그의 *The Life in Christ*, PG 150, 585B: the Eucharist "supplies perfection to the other sacraments"를 보라.

고 오히려 그리스도의 인격을 지향하는 한에 있어서이다.[27] 달리 말하면, 전례의 (사제의) 직책은 성례전을 위해서 존재해야 하며, 그것들의 존재 이유(raison d'être)는 사람들 대신이라기보다는 오히려 사람들과 더불어 하는 성례전의 거행이어야 하는데, 주교는 그리스도의 표상으로, 사제는 사도의 표상으로, 그리스도를 중심으로 한곳에 모인 하나님의 백성의 종말론적 모임의 형상으로서 기여해야 한다. 이러한 관점에서 성례전 집회에서 '사랑으로 주관하는' 주교는 지상에서 그리스도의 대리자가 아니라, 그리스도의 표상이자 형상이다. 똑같이 교회의 다른 소명(직책)에 관해서도 말할 수 있는데, 그것들 중 어느 것도 성례전/보편적 사람들의 모임과 독립해서 생각할 수 없는데, 그렇게 되면 성직은 권력의 지위와 분리된 사제 계급 수준이 된다. 교회의 직책은 몸(공동체)의 위에 있는 것이 아니라, 몸 안에서의 전례적 목회이다. 즉 그것들은 그리스도와 병행하거나 그리스도에 의해 주어진 것이 아니라, 바로 그 그리스도의 사역과 같고, 그러기에 "교회의 초점"이 계층적인(그리고 결과적으로 권위주의적인) 교회의 본질과 구조가 아니라 종말론적인 것에 주어진다.[28]

---

27 Petros Vassiliadis, "Apostoli-Diakonia-Episkopi," 386.

28 Petros Vassiliadis, *Orthodoxy at the Crossroads* (Thessaloniki: Paratiritis, 1992), 53-54[그리스어]; John D. Zizioulas, *Being as Communion. Studies in Personhood and the Church* (Crestwood, NY: St Vladimir's seminary Press, 1985), 163.

이 모든 것을 염두에 두고, 왜 신성한 성례전이 그것의 참된 형태에서 종말의 맛봄과 사랑, 정의, 자유의 다가올 하나님 나라에 대한 예언자적 선포인지 이해할 수 있다. 왜냐하면 성례전은 "모든 사람의 일치"와 화해, 악마적이고 분열적인 권위주의 정신에 대한 승리, 율법과 권력의 극복, 죽음의 권력과 폭압에 대한 결정적인 파멸을 수반하기 때문이다.

그러기에 성례전과 종말론, 그리고 보편성과 일반성은 교회의 정체성을 형성하고, 최초의 기독교공동체들에 대한 의식을 규정한다. 하지만 종말론은 비록 상당히 잊혀진 기독교의 관점이지만, 기독교 특히 정교회의 있어 근본적인 것이다. 기독교는 종말론적 관점과 분리해서는 상상할 수 없다. 종말론은 단지 마지막 때에 관한 담론이거나, (흔히 서방의 스콜라철학으로부터 영향을 받아온 정교회의 구식 교과서의 경우처럼) 교리 신학의 교과서의 마지막 장에 있는 담론이 아니다. 종말론은 기독교의 기초이고 토대이며, 전체 신학에 스며들어 있다. 플오로브스키에 따르면, "그것은 그 안에서 신학적 사고의 모든 노선이 교차하고, 불가분하게 서로 얽힌 '미묘한 매듭'이다. 종말론은 신앙의 분리된 한 조항으로서, 특별한 주제로서 토의될 수 없다. 그것은 단지 그리스도교 신앙의 전체적 관점에서만 이해될 수 있다."[29]

---

29 G. Florovsky, "The Last Things and the Last Events," in *Creation and Redemption*: Volume III in the *Collected Works of G. Florovsky* (Belmont, MA: Nordland, 1976), 245.

또는 페르가몬의 대주교 요한(지지울라스)의 말을 회상해본다면, 종말론은 신학에 대한 하나의 접근, "방법론적" 이슈이다.[30] 따라서 그것은 오히려 그리스도의 부활에 의해 세계와 역사로 열려진 창을 통해서 현재로의 종말의 "침투"와 관련된 태도이다. 즉 그것은 "피조물보다 먼저 나신 분", "죽은 사람들 가운데 맨 먼저 살아난 분"에 의해 시작된 새로운 인류를 말한다.[31] 왜냐하면, 만일 성육신과 함께 "말씀이 사람이 되셔서 우리와 함께 계셨다"(요 1:14)는 것이 사실이라면, 그리고 만일 성육신과 함께 하나님께서 역사 안으로 들어오셨고, 스스로 역사를 구현했다면, 그렇다면 "종말"은 부활과 함께 역사 안으로 침투한 것이다. 왜냐하면 부활하신 성자와 하나님의 말씀, 영광의 주님(主)은 미래의 생명과 세계와 역사의 종말론적 완성의 실제적 표시이기 때문이다. 물론 이러한 새로운 삶의 충만은 종말에서, 하나님의 나라에서 우리에게 계시될 것이지만, 그러나 우리는 현재의 교회에서 그리스도의 부활과 함께 새로운, 갱신된, 그리고 변모된 현실을 "거울처럼 희미하게"(고전 13:12), "부분적으로" 이미 맛보는 경험을 하고 있다. 요한계시록의 기록자가 미래를, 그리고 종말을 구상하는 "새 하늘과 새 땅"은 신자들에게 벌써 시작되었으며, 미래의 예루살렘은 교회라는 종말론적

30 Jean D. Zizioulas, "Déplacement de la perspective eschayologique," *La Chrétienté en débat. Histoire,formes et problèms actuels*, colloque de Bologne, 11-15 mai 1983 (Paris: Cerf, 1984), 91.

31 골 1:15, 18.

신비 속에서 이미 이 지상에 존재하고 있다.[32] 이리하여 종말론은 "사후의 삶", 혹은 두려움과 경외와 그리하여 영적인 복종을 불러일으키는, 근본주의적인 대중적 종말론이 관심하는 것보다, 훨씬 더 많은 것을 표상한다. 오히려 종말론은 심지어 지금 미래 시대의 삶을 맛보는 것이고, 다가올 하나님 나라 삶의 모든 측면에서 —따라서 또한 사회적인 것, 정치적인 것을 포함해서— 능동적 기대이다.[33] 하지만 예상되는 왕국은 "이 세상으로부터"가 아니고,[34] 그것은 현재 시대의 형태로 제한된 것이나 공존하는 것이 아니며, 그것은 여기에 "영속하는 도시"를 갖는 것이 아니라, 오히려 "장차 다가올 도시"[35]를 추구한다. 왜냐하면 이 세상의 형체는 사라질 것이기 때문이다.[36] 그것은 그것의 의도를 강요하고 생존하기 위해서 이 세상의 수단—권력, 무력,

---

32 Ioannis Karavidopoulos, "The Church in the NT," 44.

33 이 문제점에 관해 동방정교회 신학에 따른 더 완전한 설명은 다음 문헌들 참조. Georges Florovsky, "The Last Things and the Last Events," op. cit., 245; idem, "The Patristic Age and Eschatology: An Introduction," in *Aspects of Church History: Volume IV in the Collected Works of G. Florovsky* (Belmont, MA: Nordland, 1975), 63ff.; John Meyendorff, *Byzantine Theology: Historical trends and Doctrinal Themes* (New York: Fordham University Press, 1974), 218-220; Nikolaos Matsoukas, *Dogmatic and Creedal Theology*, Vol. II, 539-540[그리스어](tr. E. Pavlidou, *Theologia dogmatica e simbolica ortodossa*, v. II, 301ff.); Alexander Schmemann, *Liturgy and Tradition* (New York: St Vladimir's Seminary Press 1990), 95.

34 참조. 요 18:36, "내 왕국은 이 세상 것이 아니다."

35 참조. 히 13:14.

36 고전 7:31.

권위—을 사용하지 않고,[37] 그리고 그것은 우리가 과거로부터 알고 있는 것과는 같을 수 없다. 하나님의 왕국은 미래로부터, 그리고 지배, 불의, 분열, 쇠퇴, 죽음으로부터 자유롭게, 새로워지고 변형된 하나님의 새로운 세상으로부터 우리에 다가온다. 교회는 또한 그것의 정체성을, 그것의 참된 본질을 왕국의 미래로부터 이끌어낸다. 왜냐하면 교회는 과거나 혹은 현재에 의해서, 그것이 과거였던 것 또는 그것이 현재였던 것으로부터 동일시되는 것이 아니라, "그것이 종말에서, 하나님의 나라에서 미래에 될 것으로부터" 정의되기 때문이다.[38]

그래서 우리는 역사를 통해서 교회의 모든 문제점과 실패들에도 불구하고, 교회가 여전히 종말의 비전에, "새 하늘 새 땅"(계시록 21:1), 새로운 인류애와 새로운 창조(고후 5:17)의 비전에 초점이 맞춰져 있는지를, 그리고 왜 일상의 실천에서 분투하고, "모두의 일치를 위해서" 신성한 전례에서 기도하는지를, 그리고 우리 모두가 하나님과 그리고 동료 인간들과의 보편적 친교를 위해서 그리고 예수께서 대제사장적 기도에서처럼, "그들을 모두 하나 되게 하소서"(요 17:21)라고 끊임없이 쉬지 않고 노력하는 것을 이해할 수 있다.

---

37 참조. 요 18:36; 마 26:52-53. 또 요 8:23도 참조.

38 다른 것들보다 참조: John D. Zizioulas, "The Early Christian Community," 147-150; Metropolitan of Pergamon John (Zizioulas), "The Church and Eschaton," 41ff; Petros Vassiliadis, *Orthodoxy at the Crossroads,* 106.

역사에서의 교회는 왕국과 동일시되는 것이 아니라, 왕국의 도중에 있고, 왕국을 예지하며, 그것에의 참여의 가능성을 제공한다. 하나님의 왕국은 교회보다 범위가 넓은 것이며, 그래서 지상에서의 교회의 역동적인 종말론적 본질, 악에 대항하는 능동적 운동, 악에 대한 승리를 강조하는 것은 맞다.[39] 교회생활은 존재됨의 역동적인 과정, 계속적 변화에 의해 표시되며, 이러한 방식으로 점차 하나님의 나라가 된다. 교회와 하나님 나라의 완전한 동일시는 후자를 객관화하고 전자의 생활을 그릇 해석할 뿐만 아니라, 교회를 권위주의적인 제도와 전통주의적인 종파, 과거의 중요성을 미래의 손상으로 또한 성령의 활동과 임재의 손상을 절대화하는 이 세상의 형태로 석화된 조직체로 바꿔버린다.[40] 하지만 니사의 성 그레고리오스의 말을 소환해보면, 역사에서의 교회생활은 악을 물리치기 위한 연속적이고 그침이 없는 싸움이고, 완성과 영적 진보를 향한 능동적인 여정이며, 끝(τέλος)이 없는 시작을 통해서 시작(ἀρχή)으로부터 시작

---

39 실례로 Nikolaos Matsoukas, "Ecclesiology from the Perspective of Trinitarian Doctrine," *Academic Yearbook of the Theological Faculty of Aristotle University of Thessaloniki* 17 (1972), 180-192를 보라.

40 참조. idem, 180-182. 종말론과 하나님 나라에 대한 여러 견해를 개관하기 위해서는 Gösta Lundström, *The Kingdom of God in the Teaching of Jesus. A History of Interpretation from the Last Decades of Nineteenth Century to the Present Day*, tr. John Bulman (Edinburg and London: Oliver & Boyd, 1963); George P. Patronos, *The Relationship between the Present and The Future in Orthodox Theology's Teaching on the Kingdom of God* (Athens, 1975), 11-59[그리스어]을 참조하라.

으로의 끝없는 상승이다.[41] 물론 이러한 여정은 역사의 오명을 포함하지만 또한 하나님의 선물의 징후(σημεῖα), 심지어 지금 조차도 일치와 자유, 정의와 사랑의 종말론적 선한 일들(ἀγαθά)의 맛보기, 회개(μετά-νοια)[42]에 대한 준비의 가시적인 징후, 미래에 대한 개방성을 포함한다. 이것은 왜 "여정이 열린 마음과 항상 새로운 것을 기다리는 것을 의미하며, 이 여정이 '종말론'이라고 불리는" 이유이다.[43]

그러기에 교회는 하나님의 나라가 아니라, 하나님의 나라가 되고 있다. 고백자(Confessor) 성 막시무스에 의하면, 그것이 하나님과 닮아감에 있어서 똑같은 일치시키는 사역을 수행하는 한에 있어서 교회는 하나님의 나라의 유형이자 아이콘이다.[44] 그러나 교회가 세상의 권력에 추파를 던지거나 신정(神政)을 꿈꿀 때는 언제든지, 그리고 교회 생활이 一일반적으로

---

41 Gregory of Nyssa, *The Life of Moses*, PG 44, 401A~B and 404D~405A.

42 그리스어 μετά-νοια의 어원은 nous(마음)의 전환, 곧 존재의 완전한 방향 전환(re-orientation)을 가리킨다.

43Nikolaos Matsoukas, "Charisma and Authority in the Ecclesiastical way of Life," in: Fotios Ioannidis, (ed.), *Institution and Charisma in the Eastern and Weatern Traditions: The Proceeding of the sixth Inter-Christian Symposium, Veroia, Greece, 4-9 September 1999* (Thessaloniki: School of Theology, Aristotle University of Thessaloniki, Athenaeum Antonaeum di Roma, Holy Metropolis of Veroia, 2006), 41[그리스어].

44 Maximus the Confessor, *Mystagogy*, PG 91, 664D. 이 St. Maximus 발췌문의 폭넓은 주석을 위해서는 Nikolaos Matsoukas, *Dogmatic and Creedal Theology*, Vol. II, 356-366[그리스어](tr. E.Pavlidou, *Theologia dogmatica e simbolica ortodossa*, v. II, 196-202)를 참조하라.

사회는 물론이고— 단지 개인에 대한 전제적 지배, 열정의 불합리성, 죽음의 권세와 권위에 대한 복종에 불과한 권위주의의 정신에 의해 지배될 때는 언제든지, 이일은 무효화되고, 하나님나라의 기대는 망각으로 던져진다. 그러기에 교회는 여전히 도중에(in statue viae) 있다. 그리고 기독교인들은 두 개의 결정적인 시점—부활과 종말— 사이에, "그 사이에서"(in between) 자신을 발견하면서 살고 있으며, 이것이 그들의 선택과 가치를 결정한다. 모든 것은 종말의 빛에 비추어서 평가되는데, 기독교인들의 모든 삶은, 종말로부터 현재의 정체성과 본질, 의미와 목적을 취하는 기대하는 새로운 세계 쪽으로 지향된다.[45] 기독교인들은 이 세상에서 이방인이고 유배자이며(벧전 2:11), 이 세상 안에 정착하거나 현상황(hic et nunc)과 동일시되는 것을 거부한다. 왜냐하면, 비록 그들이 세상 안에 살고 있을지라도, 그들은 이 세상의 것이 아니기 때문이다.[46] 세상을 무시하지 않

45 Oscar Cullmann, *Christ and Time: The Primitive Christian Conception of Time and History* (London: SCM Press, 1962), XIX-XXI; Savas Agourides, "The Orthodox Christian's Hope: The Relationship between the Present and the Future," *Synaxis* 52 (1994), 특히 101-103 [그리스어]; Ioannis Karavidopoulos, "The Church in the NT," 40-42 [그리스어]; Dimitris Arkadas, "The Liturgical Character of the Eschatology in the Gospel of John," *Deltio Biblikon Meleton (Bulletin of Blblical Studies)* v. 17, 27th year (1998), 65[그리스어].

46 참조. 빌 3:20, "그러나 우리는 하늘의 시민이다"; 히 13:14, "왜냐하면 이 땅 위에는 우리가 차지할 영원한 도성이 없기 때문입니다. 우리는 다만 앞으로 올 도성을 바라고 있을 뿐입니다."

으면서도 그들은 그들의 삶과 사명을 현시대의 방식이나 권력과 동일시하기를 거부한다. 그들의 신앙은 우주적 차원을 갖고 있는 반면에, 그들은 "여기와 지금"과 동일시되기를 거부한다. 그들은 역사를 무시하지 않고 그들의 목적을 역사의 범위로 제한하기를 거부한다. 비록 그들이 역사 안에 살지라도, 그들은 역사에 의해 흡수되는 것을 거부한다. 기독교는 근원적으로 역사적인 반면에, 그럼에도 불구하고 그것은 역사 이후적인 실재―하나님의 왕국―쪽으로 지향되어있는데, 한데 이 실재는 비록 역설적일지라도, 종말이 끊임없이 역사 안으로 침투하고 있는 한 이미 역사적 현재에 영향을 주고 밝히기 시작했다. 기독교인들은 과거를 숭배하지 않는다. 왜냐하면 그들은 이로부터 그들의 존재의 성취를 기다리는 미래와 종말로 지향되어 있기 때문이다. 하지만 이것은 현재의 부정이 아니다. 왜냐하면, 종말은 파괴하는 것이 아니라, 오히려 역사를 변화시키고, 그것을 종말론적 역사 안으로 향하게 하며, 그것에 의미와 목적을 가득 채우기 때문이다.[47]

---

47 참조. Georges Florovsky, "Le corps du Christ vivant. Une interprétation orthodoxe de l'Eglise," in G. Florovsky, F-J. Leenhardt, R. Prenter et al. (ed.), *La Sainte Eglise Universelle: Confrontation CEcuménique*, (Neuchâtel Paris: Delchaux et Niestlé, 1948), 23-24, 31, 40; idem, "Christianity and Civilization," in *Christianity and Culture,* Volume II in the *Collected Works of G. Florovsky* (Belmont, MA: Nordland, 1974), 121-130; John D. Zizioulas, "Eschatology and History," in idem, *The One and the Many*, op. cit., 126-135; Panayiotis Nellas, "three Biblical Presuppositions in the Issue of Orthodoxy and

이 모든 것은 예측과 기대의 태도와 "이미"와 "아직은 아니" 간의, 그리스도의 초림과 재림 간의, 그리스도의 부활과 우리 자신의 부활에 대한 기대 간의 그리고 타락하지 않음과 죽음의 권세의 종언을 의미하는 역사의 재현 간의 긴장을 말한다. 인류의 육체적인 부활은 신성한 섭리의 으뜸가는 목표들 중의 하나였지만, 기대되는 일반적 부활은 단지 플라톤적 원상태(프로톨로지)로 돌아가거나, 또는 원래의 이상적인 상태로의 교정(矯正)되는 회귀에 관한 것이 아니라, 하나님의 새로운 창조, 모든 창조의 완전하고 포괄적인 갱신이다.[48] 그래서 맞게 언급된 것처럼, 교회의 충만함과 정체성은 교회가 제도로서 주어진 과거와 현재에 위치해있는 것이 아니라, 장차 진정한 교회가 되려고 하는 미래에, 그리고 종말에 위치해 있다.[49] 고백자 성 막시무스의 저작으로 생각되는 *Corpus Areopagiticum*에 관한 주석에서의 상징에 관해서 말한 것처럼, "『구약성서』의 일들은 그림자이고, 『신약성서』의 일들은 형상이며, 미래의 일들은 진리이기 때문이다."[50]

Politics," *Witness of Orthodoxy* (Athens: Hestia, 1972), 169ff.[그리스어].

48 참조. Georges Florovsky, "The Patristic Age and Eschatology: An Introduction" in *Aspects of Church History: Volume IV in the Collected Works of G. Florovsky* (Belmont, MA: Nordland, 1975), 67-68.

49 예로서 참조. John D. Zizioulas, "The Early Christian community," 147-150; Petros Vassiliadis, *Orthodoxy at the Crossroads,* 106.

50 Maximus the Confessor, *Commentary on the Ecclesiastical Hierarchy*, PG 4, 137D (오늘날 거의 모든 학자들은 이 저술을 John of Scythopolis의 것으

로 여긴다. 참조. Hans Urs von Balthasar, "Das Scholienwerk des Johannes von Skythopolis," *Scholastik* 15 (1940), 16-38; 재인쇄: idem, *Kosmische Liturgie,* 제2개정판 (Einsiedeln: Jonannes Verlag, 1961), 644-672; 더 최근 것으로는, Paul Romen & john C. Lamoreaux, *John of Skythopolis and the Dionysian Corps: Annotating the Areopagite* (Oxford/ New York: Clarendon Press/ Oxford University Press, 1998). 참조. Gregory Nazianzen, *Oration 31, Fifth Theological Oration*, PG 36, 160D~161A 참조. 또 히 10:1 이하도 참조.

6 장
교회와 정치, 직제와 권력

"세상 안에서, 하지만 세상의 것이 아닌" 이란 것이, 결코 세상으로부터의 도피나 세상의 부정을 의미해서는 안 되며, 또한 종말의 비전과 하나님 왕국의 예기(豫期)는 역사를 부정하거나, 신앙과 구원의 개인주의적 이해를 정당화하는 구실로 사용될 수도 없다.

위에서 우리가 강조하고자 했던 것처럼, 종말론의 프리즘을 통해 관찰된 역사는 무효가 되거나 무시되지 않는다. 오히려 우리는 역사를 변형시키고, 그것을 종말론의 역사와 성부, 성자, 성령의 나라 명시 안으로 변화시키도록 요청한다. 더욱이 주목을 받은 현대 정교회의 성서학자들에 의하면, 기독교는 원래 수평의 역사적인 종말론을 갖고 있었다. 그런데 그것은 후에 수직적이고 더욱 개인화된 구원의 개념과 뒤섞이게 되었다.[1] 원래의 종말론적 관점에서는, "인류, 사회, 세계는 하나의 단일체로서 지옥(파멸) 쪽으로나 혹은 하나님 나라의 새로운 삶 쪽으로 이동한다."[2] 우리는 우리들 입장에서 이미 강조한 바처럼, 종말의 기대는 수동적인 것이 아니라 능동적인 것이고, 세상으로부터의 도피가 아니라 변혁적인 것이다. 그것은 예배와 기도 속에 자리 잡고 있지만, 또한 세계와 역사에 관한 용감한 결정과 선택을 고무하는 행동에도 자리 잡고 있다. 세계와 역사는 우리가 위에서 "사이의"(in between) 상태라고 기술한 것인데 그 상태는 세상에 대한 단호한 거절도 아니고 그것의 현재 상태에 대한 수용도 아니다.[3] 즉 그것은 단지 "신성한" 것 "종교적인" 것뿐만 아니라 정치적인 것, 사회적인 것을 포함해서 우리의 삶의 모든 측면을 언급한다. 그리스 성서학자 고 바실리스 스토야노스의 말을 회상해보면, "정치적이고 사회적인 숙고에 교회가 소원해진 것은 사도들과 교부들의 실천과는 극명한 대조를 이룬다. 그 대신 교회는 세상에 관한 자신의 역할을 관습적으로 종교적이고 온건한 역할로 제한시킨다. 교회는 세상의 순례자이지만 또한 동시에 세상을 변화시키는 누룩과 같다. … 한편으로 기독교

---

1 여러 글들 중에서 Petros Vassiliadis, "The Eucharistic Perspective of the Mission of the Church," op. cit., 26-30; "Apostoli-Diakonia-Episcopi," op. cit., 383ff; "Eschatology, the Church, and Society," in P. Kalaitzidis (ed.), *The Church and Eschatology*, 46ff.[그리스어, 영문판 근간]을 참조.

2 Savas Agourides, "The Orthodox Christian's Hope: The Relationship between the Present and the Future," op. cit., 102.

3 또한 Oscar Cullmann, *The State in the New Testament* (New York: Charles Scribner's Sons, 1956), 4-5 참조.

인들은 그들의 시선을 천국 고향을 향해 굳건히 두며, 다른 한 편으로는 이 지상의 일들의 상태에 관심을 가져야 한다."[4] 그래서 우리는 종말론적 관점으로부터 정치에 접근하는 것은 특히 교회와 정치 간의 관계에 관한 대화에 힘을 쏟는 것을 약속하는 것이라고 확신한다.[5]

---

4 Vassilis Stoyiannos, *The First Epistle of Peter,* Interpretation of NT 15 (Thessaloniki: Pournnaras, 1980), 255.

5 교회와 정치의 관계에 대한 지속적인 문제에 대해서는, 특히 다음 글들 참조. Jürgen Moltmann, *Theology of Hope: On the Ground and the Implications of a Christian Eschatology* (London: SCM Press, 1967); John Howard Yorder, *The Politics of Jesus, Grand Rapids* (MI Cambridge, U.K.: William B. Erdmans, 1994); Richard A. Horsey (ed.), *Paul and Politics: Ekklesia, Israel, Imperium, Interpretation. Essays in honor of Krister Stendal*, (Harrisburg, PA: Trinity Press International, 2000). 또 동방정교회의 관점에서 오는 같은 문제에 대해서는 다음 글들 참조. Georoges Florovsky, "The Social Problem in the Eastern Orthodox Church," in *Christianity and Culture,* Volume II in the Collected Works of G. Florovsky, op. cit., 131-142; Panayiotis Nellas, "Three Biblical Presuppositions in the Issue of Orthodoxy and Politics," op. cit., 153-186; Vassilis Stoyiannos, *Revelation and Politics* (Thessaloniki: Aristotle University of Thessaloniki, 1985); O. Clement, *Orthodoxy and Politics* (Athens: Minima, 1985); Athanasios N. Papathanasiou, "A Politicized Ecclesiastical Space," *Itinerancy and Referentiality: Critical Approaches to Theological Events* (Athenes: Armos, 1988), 121-138; idem, *Social Justice and Orthodox Theology* (Athenes, Akritas, 2001); Emmauel Clapsis, "Politics and Christian Faith," *The Greek Orthodox theological Review* 37, (1992), 99-103; (=논문집 수록) *Orthodoxy in Conversation: Orthodox Ecumenical Engagements* (Geneva Brookline, MA: WCC Publications- Holy Cross Orthodox Press, 2000), 221-224; Dimitris Arkadas, "Power and the Church:Political Aspects of Eschatological Ecclesiology" *Synaxis*, 79 (2001), 89-97[그리스어; 영문판 근간]; Petros Vassiliadis, "Orthodox Christianity [and Politics]," in Jacob Neusner

그때 만일 교회가 종말의 예견을 경험하고 역사 안에서 하나님의 왕국을 묘사하는 성례전적 공동체라면, 그리고 만일 교회가 —완성, 변모, 악의 격퇴를 향한 역동적인 행진에서의 새로운 친교로서— 삶의 "새로운" 방법을 제공한다면, 우리는 마침내 실천에 있어서 개인적인 구원에 부수되는 신학은 물론, 개인적인 일로서의 교회에 관한 생각을 극복할 수 있을 것이다. 심지어 역사적/종말론적 조망에 동의하지 않는 —그 대신 소위 "치유의 교회학과 영성"(therapeutic ecclesiology and spirituality)에 동의하는— 필자들(예를 들어 *Corpus Areopagiticum* 작가 같은 경우)조차도 성서와 교부의 사상 양쪽의 공통적인 것에서 벗어나지는 않는다: "기타의 계층적 성사, 다시 말해 특별히 '성찬식'과 '집회'에 언급되는 것에 관해서이지만, 우선 무엇이 이것의 모든 특성 위에 있는지를 경건하게 주시하자. 모든 신성하게 시행하는 작용은 조각난 삶을 하나의 신격 안으로 끌어당긴다. 그것은 우리 안의 분열로부터 신성한 일치를 구축한다. 그것은 우리에게 하나님과의 친교와 일치를 수여한다."[6] 게오르기 플오

(ed.), *God's Rule. The Politics of World Religion* (Washington, D.C.: Georgetown University Press, 2003), 185-205.

6 Ecclesiastical hierarchy, 3.1, PG 3, 424C. Eng. tr. Colm Luibheid, *Pseudo-Dionysius. the Complete Works* (New York Mahawah: Paulist Press, 1987), 209. (이 책은 Paul Rorem이 공역하고 서문을 쓰고 주를 붙였으며, René Roques가 머리말을 썼고, Jaroslav Pelikan, Jean Leclerq, Karlfried Froehlich가 서론을 썼다.) 여기에 포함된 Corpus Areopagiticum 저자의 이른바 "치유의 교회학과 영성"에 관해서는 특히 Petros Vassiliadis, "Eucharistic and Therapeutic Spirituality," *The Greek Orthodox Theological Review* 42

로프스키 신부가 고대 교부들의 전통의 전체성에 따라 지치지 않고 말한 것처럼, 동방과 서방 모두, 그들의 정체성을 규정하기 위해 "교회"(ecclesia)라는 용어를 사용한 초기 기독교인들의 선택은 그들이 한 몸, 한 공동체, 한 성찬 안에 속해 있다는 것을 강조한 것이다. 그런데 그것은 또한 종말론적이고 이 경우에는 신성하며 또한 그리스도교 실존의 사회적, 공동체적, 유기체적 본질까지도 나타내는데, 그것은 옛 라틴 격언 즉 "*Unus Christianus, nullus Christianus*"(한 기독교인은 기독교인이 아니다)[7]에 잘 요약되었다. 그래서 플오로브스키에 의하면, "기독교는 필연적으로 사회적 종교이다. … 그것은 근본적으로 개인이 개인적인 소용이나 지침을 위해서 채택할 수 있는 교리 혹은 규율이 아니다. 기독교는 정확히 공동체 즉 교회이다."[8] 계속해서

(1997), 11ff.; Kenneth Paul Wesche, "Christological Doctrine and Liturgical Interpretation in Pseudo Dionysius," *St Vladimir's Theological Quarterly* 33 (1989), 53-73를 참조하고, 같은 저자의 *St Vladimir's Theological Quarterly*, 34 (1990), 324-327도 참조하라. Hieromonk Professor Alexander Golitzin은 여러 출판물에서 이견을 제시한다. 그가 주장하는 논지의 개요는 "On the Other Hand: A Response to Fr Paul Wesche's Recent Article on Dionysius," *St Vladimir's Theological Quarterly* 34 (1990), 305-323; "Dionysius Areopagite in Works of St Gregory Palamas: On the Quetion of a 'Christologycal Corrective' and Related Matters," *St Vladimir's Theological Quarterly* 46 (2002), 163-190을 참조하라.

7 특히 Georoges Florovsky, "Le corps du Christ vivant. Une interprétation orthodox de 1' Eglise," op. cit., 13-15 참조. Vassilis Stoyiannos, *The First Epistle of Peter*, op. cit., 230-231 참조.

8 Georoges Florovsky, "The Social Problem in the Eastern Orthodox

플오로브스키는 말했다. "바로 그 시초부터 기독교는 사회적 마음가짐을 가졌다. 기독교 존재의 전 구조는 사회적이고 집합적이다. 모든 기독교의 성사는 고유하게 '사회적 전례들' 즉 통합의 전례들이다. 기독교의 예배는 성 키프리아누스의 표현에서는 또한 공동적인 예배(publica et communis oratio)이다. 그러므로 그리스도의 교회를 구축한다는 것은 새로운 사회를 구축하는 것이고, 이것이 암시하는 바에 의하면 새로운 토대 위에 인간 사회를 재구축하는 것을 의미한다. 교회에서는 항상 만장일치와 공동생활에 대해서 강하게 강조했다. 기독교인들에 대한 가장 이른 시기의 이름 중의 하나는 단순히 '형제'(자매)였다. 교회는 신적 원형의 생동감 넘치는 형상이었고, 또 그것이어야 했다. 삼위는, 그러나 한 하나님이다. 따라서 교회에서는 많은 사람이 한 몸으로 통합되어야 한다."[9] 다시 플오로프스키에 따르면, "초기의 교회는 단지 '종교적 목적'을 위한 자발적인 조직이 아니었다. 그것은 오히려 건설과정에 있는 새로운 사회, 심지어 새로운 인류, 참된 하나님의 도시였다, … 오리게네스가 표현한 것처럼, 교회는 독립적이고 자립적인 사회질서로서, 새로운 사회적 차원과 독특한 국가체제(systema patridos)로 생각되었다. 초기의 그리스도교인들은 궁극적으로는 기존 사회

Church," op. cit., 131.

9 Georoges Florovsky, "The Social Problem in the Eastern Orthodox Church," op. cit., 131-132.

질서 밖에 상당히 떨어져 있다고 느꼈는데, 왜냐하면 단순히 그들에게는 교회 자체가 질서였고, 지구에 있는 '천국의 식민지'였기 때문이다(빌 3:20, 모파트 역). 말하자면, 또한 이러한 태도는 제국이 교회와 타협한 후에도 완전히 포기되지 않았다.[10] 그때 당시는 교회와 정치는 구획화되지 않았는데, 흔히 주장되듯이 첫째가 소위 인간의 영적인 영역으로, 그리고 둘째가 물질적이거나 세속적인 것으로 격하하여 분류되지 않았다. 오히려 교회는 인간 삶의 모든 측면은 물론, 온전한 인간의 인격(육과 영, 물질과 정신)을 바꾸고 구원하기를 원했다. 그래서 제4차 칼케돈 에큐메니칼 공의회에 따르면, 그리스도는 "혼동되지 않고", "변화되지 않고", "분리되지 않고 ", "나뉘지 않는"데 전체적으로 인간 본성과 역사와 함께 전 인격을, 그리하여 단지 그것의 영적 혹은 종교적 차원만이 아니라, 또한 삶의 정치적, 사회적, 경제적 측면을 수용하셨다는 것이다. 성 그레고리오스 나지안조스가 특징적으로 언급하는 것처럼 "수용되지 않는 것은 치유될 수 없고, 하나님에게 연합된 것은 구원되기"[11] 때문이다. 다마스쿠스의 성 요한 또한 이러한 입장을 설명하는데 "그러나 우리는 신격의 본성 전체가 인간 본성의 전체와 통합된다. 왜냐하면 말씀이신 하나님은 태초에 우리를 창조하셨을 때, 우리의 본성 안

10 Georoges Florovsky, "The Social Problem in the Eastern Orthodox Church," *op. cit.*, 132. 또 *Idem*, "Christianity and Civilization," in *Ibid.*, 125-126 참조.

11 Letter 101, PG 37, 181C~184A.

에 불어넣으신 것들 어느 것도 빠뜨리지 않으시고, 지적이고 [noetic] 이성적인 육과 영, 그리고 그들의 모든 특질을 취하셨다. 그래서 이것 중의 어느 하나라도 결여한 피조물은 인간이 아니다. 그런데 온전한 하나님은 온전한 인간을 취하셨고, 자신의 은총으로 온전한 인간에게 구원을 부여하는 것으로 전체와 전체로 통합되었다. '왜냐하면 수용하지 않은 것은 치유될 수 없기 때문이다.'"[12] 따라서 교회가 단지 자체를 종교적/ 영적 문제들에, 신성한 것들의 영역에 관련시키고, 다른 이들에게 소위 물질적이고 세속적인 것의 영역을 남겨놓아야 한다는 생각은 기본적으로 잘못된 것이고, 실제로 "마니교적"이다. 우리가 끊임없이 '전체의, 완전한, 분할되지 않은, 비단편적(非斷片的)인' 것을 의미하는 고대 그리스어 형용사(σῶος)로부터 온 고대 그리스 단어(σωτηρία)를 통해 상기하는 것처럼, 구원의 목표는 인간 삶의 전체성을 지칭한다.

하지만 이렇게 말한다고 해서 교회와 정치 간의 중요하고 기본적인 차이가 없다는 것은 아니다. 그러나 이 구분은 각각이 스스로 주장하는 삶의 영역에서 발견되는 것이 아니라 —그리고 사실상 그것들이 같은 영역들을 요구하는 일이 흔히 일어난다— 오히려 교회와 정치가 그것들의 정치적 비전을 실현하는

12 *An Exact Exposition of the Orthodox Faith*, III.6, Eng. tr. by E. W. Watson and L. Pullman, *Nicene and Post-Nicene Fathers*, Second Series, Vol. 8, Philip Schaff and Henry Wace (eds.) (Buffalo, NY: Christian Literature Publishing Co., 1899).

방법에서 발견되는 것이다. 교회의 방법은 사랑, 자유, 카리스마적 봉사(디아코니아), 예견, 감지, 또 다른 삶의 증언이다. 그런데 그것은 역사를 경멸하거나 포기하지 않고 그것의 존재를 역사 이후의 실재, 종말로부터 취하며, 역사의 "지금"과 왕국의 "아직은 아니다" 모두에 관련되어 있다. 다른 한편 권력의 방법은 무력, 지배, 법적 또는 제도적 압제에 의해 특징지어진다. 왜냐하면 그것은 왕국의 "아직은 아니다"에 의해 제공된 출구의 조망 혹은 희망이 없이 역사의 상자 안에서 곤경에 처해있고 질식해 있기 때문이다.[13] 교회의 정치적 비전을 실현하는 방법과 수단은 국가의 그것들을 결코 닮아서는 안 되지만, 그것들이 순전히 이 세상의 관점으로부터 국가의 권위에 도전하는 접근법을 닮아서도 안 된다. 그러므로 교회의 정치적 관여는 국가로부터 지원받거나 혹은 혁명적인 폭력을 수반할 수는 없고, 국가의 정치적 무대에서 그것의 플랫폼을 도입하는 것으로만 해야 한다. 교회는 이 시대의 형태와 권력을 취함으로써, 또는 공적인 영역에서 자신의 관점과 존재를 강요함으로써, 자신의 본질과 임무를 저버려서는 안 된다. 교회로부터 필요한 것은 세상의 갱신과 변화이고, 그것을 회개(마음의 변화, 전 존재의 재지향)라고 부르는 것이며, 천국의 복음을 선포하는 것이다: "소경이 보게 되고, 절름발이가 제대로 걸으며, 나병환자가 깨끗해지고, 귀머

13 또 N. Matsoukas, "Charisma and Authority in the Ecclesiastical Way of Life," op. cit., 34-36도 참조.

거리가 들으며, 죽은 사람이 살아나고, 가난한 사람이 복음을 듣는다"(눅 7:22). 교회는 공적인 분야에 어떻게 해서라도 필요하다고 참여하는 것이고, 정교회 국가의 생존을 위한 싸움에 대한 공헌을 잠깐이라도 호소하는 것이며, 다음으로 사회적 효용성 또는 효력을 증진시키기 위해서 마케팅기술을 사용하는 것이며, 아니면 어떤 특정한 형태의 체제의 이데올로기적 기관으로서 기능하는 것이다(그리스의 경우에는 과거의 "그리스정교회 신자"/반反공산주의자, 많은 동방정교회의 경우에 있어서는 현재의 반反서구인/반反유럽인).

그러므로 교회와 국가의 정치에 관한 입장은 내용, 범위, 실행에 있어 근본적인 차이가 있다(적어도 그래야만 한다). 참으로 교회의 정치적 메시지의 내용은 우선 모든 인간존재가 하나님의 형상이며, 각각의 모든 타자는, 특히 사회적 약자, 죄악과 불의의 희생자들, 그리고 그리스도 안에 있는 우리 형제자매 중의 가장 보잘것없는 사람은 전형적 타자의 형상이라는 것이다. 그런데 그것은 우리의 사랑, 결과적으로 하나님과의 관계와 종말론적 일치의 신비가 실현되어온 정도의 척도가 된다.[14] "정치에 대한 교회의 비전은, 변혁적 삶의 양식에 대한 증언인데, 살아있는 성례전적 공동체들에 존재하는 것이다. 그런데 거기에서는 사랑 안의 자유가 지배하고, '은총'이 '율법'을 초월하며, 첫째가 꼴찌로 행동하고, 그리스도 자신이 내 가족 가운데 가장 보

14 또 마 23:31-46; 고전 13:1-13; 요일 3:11-21도 참조.

잘것없는 사람으로 보인다(마 25:40). 이 삶의 양식은 사회와 역사의 희생자와의 연대로 나아가지 않을 수 없다. 그리고 역사에 있어서의 영의 숨결로서의 교회의 말씀은 견고해져야 한다. 왜냐하면 사회에서 교회의 역할은 예언적이고 선구적이어야 하고, 불의와 착취가 구체화 된 구조를 고발해야 하며, 잘못되고 착취당해온 개인과 집단에 대해서 봉사해야 하기 때문이다. 말하자면 이것은 불의한 권력에게는 '위험한' 기독교, '위험한' 교회이다."[15] 그때 정치에 대한 교회의 입장은 "의에 주리고 목마른 사람들"(마 5:6)을 겨냥해야 하는데, 그리스도가 거부했던 유혹에 굴복하기 위해서이거나, 기적적으로 돌을 빵으로 바꾸는 것이나,[16]도스토옙스키의 『대(大)심문관의 전설』에서의 독창적인 개념에 의하면 권위주의적이거나 마술적인 방법에 굴복하기 위해서가 아니라, 모든 억압적인 권위의 (종교적, 정치적, 경제적인) 전제주의적인 면모를 폭로하고, 베르자예프가 그의 유명한 경구인 "내 자신을 위한 빵은 물질적 문제이지만, 내 이웃을 위한 빵은 영적인 문제이다"[17]라고 명민하게 요약한 것

15 Metropolitan Ignatius of Demetrias, "Authority and Diakonia in the Life and Structures of the Church," in: *Church, Ecumene, Politics: Festschrift of Metropolitan of Andrianoupolis Damaskinos* (Athens: Interparliamentary Assembly on Orthodoxy, 2007), 78.

16참조. 마 4:3-4; 눅 4:3-4. 또 N. Berdyaev's의 눈부신 분석 *Dostoevsky: An Interpretation*, tr. Donald A. Attawater (London: Sheed & Ward, 1936), 188-212도 참조.

17 참조. Nicolas Berdyaev, *The Origin of Russian Communism*, 185.

처럼, 우리 이웃을 위해서 한 사회적, 정치적 행위의 영적인 깊이, 감춰진 그리스도론적 차원을 드러내고자 함이다. 『대(大)심문관의 전설』에서 도스토옙스키는, 권력의 유혹뿐만 아니라, 우리가 (자기 의로움의 암시를 갖고서) 말하는데 결코 싫증 나는 것 같지는 않는, 교황제도에서는 그리스도 자신을 대신했던 억압적인 권위주의의 정신을 탐색했다. 하지만 오히려 이 이야기는 우리가 우리 자신 교회의 이미지나 그리스정교회, 혹은 동방정교회 전체의 현재의 영적 교회적 상황이 우리 자신의 교회에서 삶과 경건함이 동일한 정신과 동일한 유혹에 의해 지배된다는 면에서 거울로서 기여해야만 한다.

그때 교회의 정치적 담론은 결코 하나님 나라의 능동적 기대라는 그리스도교적 의식의 근본적인 중요성의 시야를 잃어버리지 않아야 하고, 또한 하나님의 나라에서는 이슈나 우선권이 되지 않는 국가의 방어와 국가의 연속성, 민족문화의 정체성, 또는 인구통계학적 문제 같은 현재의 낯익은 주제들에 자족해서도 안 된다. 교회를 세우신 그리스도의 모범을 따라 교회의 의무는 세상의 권력과 권위를 추구하는 것에서 자발적으로 물러나는 것이며, 권력 그 자체가 되려는 유혹이나 권위주의적인 방법으로 정치에 관여하려는 유혹과 싸우는 것이며, 또한 역사에서 종말론적 지향을 잊어버리고 기득권이 되려는 것과 싸워야 한다. "교회는 세상 국가의 권력과 병행하는 종교적 권력으로 행사하지 않아야 하는데 왜냐하면 대단히 단순하게 교회는 전혀 권력이 아니고 도리어 그것들을 신성시하고 변화시키기 위해서, 평화롭게 그것들의 사회적 환경 안으로 통합되는, 종말론적이고 카리스마적인 하나님의 백성들이기 때문이다."[18]

그래서 교회는 이 세상이 되지 않고 이 세상 속에 있다.[19] 교회는 종말의 형상과 왕국의 "상징"을 구성하는 한에 있어서 그 뿌리를 역사로부터 이끌어내는 것이 아니라, 오히려 종말로부터 이끌어내며, 역사 안에서 살고 움직인다. 그러기에 교회는 황제처럼 권위주의적인 방법으로 행동하거나, 희망과 기대를 세상의 효율성에 두어서는 안 되고, 도리어 "여러분 속에 있는 희망"(벧전 3:15)을 밝힘으로써, 주로 세상에서는 물론 그것의 삶, 구조, 관리에서 권위주의적 정신의 극복을 실현하고 선언하는 것이 요청된다. 물론 교회는 세상의 황제들을 모방하기 위해서나, 그러한 모습을 특징짓는 지배의 정신을 흉내 내기 위해서가 아니라, 구원의 복음을 전파하고 복음적 사랑의 기풍, 봉사, 자유를 세상에 불어넣고, 그리하여 종말을 준비하고 알리기 위해서, 세상과 또한 세상과의 대화에 대해서 열려있어야 한다. "황제는 객관적 세계에 속하고, 필연성에 복종한다. 그러나 영은 자유의 영역에 속한다. 교회와 국가와의 관계는 모순되어 왔고 항상 모순될 것이다. 그것들은 해결할 수 없는 문제를 제공한

18 Petros Vassiliadis, "Church-State Relations in the New Testament," op. cit., 444.

19 참조. 요 18:36. 또 요 3:3; 8:23; 17:16도 참조.

다.⋯ 황제에 대한 영의 최종 승리는 단지 종말론적 관점에서만 가능하다. 그때까지 인간은 권위의 최면상태하에서 살게 될 것이다. 그리고 이것은 교회의 생활을 포함한다. 그런데 그것은 그 자체가 황제의 영역의 한 형태임이 판명될 것이다."[20]

그러면 우리는 교회의 삶의 진정성과 영적인 성숙의 척도는 권위와 권위주의적인 정신이 극복된 정도라고 합리적으로 주장할 수 있다. 즉 교회가 그 삶과 구조에서 그리스도 안의 자유를 실현할 때, 그리고 기독교인들이 그들의 영적인 요람기를 넘어서 성숙해질 때이다. 그런데 그것은 법률의 관리자와 정념의 지배에 의해 표시되며,[21] 영적인 성숙과 완성의 단계, "성숙한 인격", "그리스도의 완전한 능력의 척도"에 접근한다(엡 4:13). 그러면 율법과 권력은 사랑과 자유를 통해서 다 극복된다. 사랑은, 종말론적 덕목, 자유의 승리로서 "두려움을 몰아낼"(요1 4:18) 뿐만 아니라, 또한 하나님의 존재 방식을 자세히 밝힘으로써 우리의 삶과 우리의 하나님과의 친근성에서 하나님 현존의 척도와 판단기준을 제공한다. 즉 "하나님은 사랑이시며, 사랑 안에서 머무는 사람은 하나님 안에서 머물고, 하나님은 그들 안에 머무신다."[22]

---

20 Nicolas Berdyaev, *The Realm Spirit and the Realm of Caesar*, tr. Donald A. Lowrie (London: Victor Gollancz, 1952), 73-74, 80.

21 참조. 고전 13:9-13; 갈 3:23-25; 딤전 1:8-11.

22 요일 4:16; 또 마 25:31-46의 "심판의 복음"은 물론 요일 3:11-4:21의 폭넓은 정황도 참조.

한데 교회가 자체를 위해서 존재하는 것이 아니라, 세상을 위해서, "세상의 생명을 위해서" 존재하므로,[23] 권력과 그 삶과 구조 안에 있는 권위주의적 정신의 극복은 세상 사람들의 삶을 위해서 관계를 가져야 한다. 참으로 교회가 세상을 더욱 변화시킬수록 권위주의적 정신은 세상의 삶과 구조로부터 더욱 멀어진다. 그리고 더 나은 것으로의 변화(καλή ἀλλοίωσις)와 함께 교회가 더욱 세상을 갱신할수록, 그리고 이 시대의 권력의 정신, 세상의 정신에 의한 것으로부터 스스로 변화되지 않거나 소원해질수록, 세상은 더욱 교회가 되고 그 반대가 되지 않으며, 더욱 권력과 지배의 정신이 시들고 그 자리에 사랑, 자유, 카리스마적 봉사(diakonia)가 꽃필수록, 법률, 권력, 권위가 없이 성부와 성자와 성령의 왕국의 삶은 더욱 역사 안에 계시된다.

역으로, 교회가 세상에 흡수되고 기득권이 되어버리고 종말론적 지향을 잊어버릴 때, 주의 영을 불어넣기보다는 오히려 세상의 정신에 그 자체를 순응시킬 때, 그때는 교회가 더욱더 권위주의적이게 되고 관료적이게 되며, 세상의 권력의 몫을 요구하고 세상과 동일한 목표와 대상을 추구하며, 세상의 언어, 스타일, 실천을 채택한다. 그리고 광고, 마케팅, 자기선전을 사용하거나, 아니면 과거의 신정(神政)에 대한 향수를 표현하거나 혹은 심지어 모든 종류의 "성전"(聖戰)을 선언한다. 오늘날 도처에서 우세한 절제되지 못한 권위주의의 정신에 있어서, 이것

23 참조. 요 6:51.

은 세상의 정신이 교회를 인수해서 교회의 종말론적 파수꾼, 수도원운동까지 이 시대의 권력과 권위로 변화시켰다는 것을 의미하는가? 권력의 매력과 유혹은 —교회의 성직자의 많은 구성원 특히 기적과 징후를 열거하거나 약속하는 경향이 있는 사람들 가운데서 발견될 수 있는— 궁극적으로 교회와 세상 간 역할의 역전을 유도하는가? 교회가 세상을 변화시키지 않고, 구별되어야만 하는 자유와 사랑의 정신을 수출하는 대신에 교회의 구성원들이 그것을 막을 물질이나 영적 성숙을 가지지 않은 채, 교회가 복종과 두려움의, 통제와 정복의, 사람의 양심의 예속의, 지배와 권위주의의 낯선 개념들을 수입한다는 것이 있을 수 있는가?

불행히도 이것은 교회의 삶에 새로운 현상인 것 같지는 않다. 이것이 교회의 자기의식이 지적한 이유이고, 바로 그 시초부터 비난했으며, 권력을 직무와 봉사로 대치하고, 세상의 왕국과 종말론적인 왕국 간에 명백한 구별을 지은 이유이다. "그러나 예수께서는 그들을 가까이 불러놓고 말씀하셨다. '너희도 알다시피 이방인들의 통치자들이 그것을 그들에게 귀하게 받들게 하고, 그들의 높은 사람들은 그들에게는 폭군이다. 그것은 너희 사이에서는 그렇지 않을 것이다. 그러나 너희 사이에서
높은 사람이 되고자 하는 사람은 누구든지 남을 섬기는 사람이 되어야 하고, 으뜸이 되고자 하는 사람은 종이 되어야 한다. 인자는 섬김을 받으러 온 것이 아니라 섬기러 왔고, 많은 사람을

위하여 몸값으로 목숨을 바치러 왔다."[24] 구원의 복음 바로 그 시초부터, 엘리사벳이 예수의 어머니 마리아를 만났을 때, 마리아 영광의 찬양은 해방과 반(反)권위주의의 메시지를, 왕국의 모습으로 시작되고 있었던 가치와 우선순위의 전도(顚倒)를 강렬하게 보여주었다. 즉 "그는 전능하신 팔을 펼치시어 마음이 교만한 자들을 흩으셨다. 그는 권세 있는 자들을 그 자리에서 내치시고, 보잘것없는 이들을 높이셨으며, 배고픈 사람은 좋은 것으로 배불리시고, 부요한 사람은 빈손으로 돌려보내셨다."[25]

세베대의 아들들의 어머니가 하나님 나라에서의 명예와 높은 자리에 대해서 그들을 위해 예수께 요청했을 때, 예수께서는 시대를 통해 공명하는 권력에 대한 철저한 비판으로서, 겸손에 대한 칭찬과 세상의 가치체계, 첫째와 꼴찌, 주인과 종의 완전한 전도로 대답했다. 권력으로서의 최고에 대한 세상의 개념에 대해서 그는 사랑과 섬김의 으뜸이라고 응답하신다. 왕국의 관점에 있어서 지배와 권력은 사랑과 봉사로, 다른 사람들에 대한 그리고 그들을 위한 자발적인 종의 상태로 변화된다. 왜냐하면 그들의 인격은 전형적 타자(the Other par excellence)의 이미지를 지니고 있기 때문이다. 그렇지만 이 탁월한 "타자"는 사랑과 봉사의 정신에 관한 설교와 가르침을 위해서 우리에게 물질

---

24 마 29:25-28. 또 눅 22:24-27, 특히 마지막 절 "그러나 나는 심부름하는 사람으로 여기에 와 있다"도 참조.

25 눅 1:51-53.

적인 것을 단지 제공하는 것이 아니라, 스스로 삶과 성육신된 사랑과 봉사, 희생과 봉사의 성육신화된 선례(先例)가 된다. 이것은 그것이 그의 신성포기(神性抛棄)의 성육신에 있어서든지, 그의 제자들의 발을 씻기는 것처럼 그리스도 안에서의 새로운 삶의 형태인 그의 지상의 삶의 행위/징후에 있어서든지, 그리고 마침내 그것이 그의 십자가상의 희생의 "극단적인 겸손"에 있어서든지 간에 그렇다. 하지만 탁월한 타자, 즉 과거에 그랬고 현재도 그러하며 미래에 올 예정인 그는 다른 방법으로 그의 왕국을 일으키고 보호하는 수단, 기원, 내용을 정의한다. 우리가 이미 여러 번 주목한 바와 같이, 그것은 단지 그의 왕국이 이 세상 것이 아니라는 것,[26] 섬김과 봉사가 권위와 권력을 대체한다는 것, 단지 그의 "권력이 약한 자 안에서 완전히 드러난다"는 것,[27] 사람의 영혼을 구원하는 것은 그것을 잃는 것을 미리 가정한다는 것은 아니다.[28] 그것은 또한 일종의 영구한 유산으로서, 그리고 그의 교회가 모든 종류의 "성전"(聖戰)을 선언하는 손쉬운 유혹과 대항하는, 세상의 권력과 동행하는 편의성에 대항하는 것을 상기시켜 주는 것으로서 그리고 세상의 방법과 용어를 써서 영광의 왕 자신의 말로 이 왕국을 보호하는 방법이다. "내 나라는 이 세상 것이 아니다. 만일 내 나라가 이 세상 것이라면,

26 요 18:36. 또 요 3:3;, 8:23;, 17:16도 참조.

27 참조. 고후 12:9-10.

28 마 16:25; 19:38; 눅 17:33; 요 12:25.

내 부하들이 싸워서 나를 유대인들의 손에 넘어가지 않게 했을 것이다. 그러나 내 나라는 결코 이 세상 것이 아니다."[29] 또한 왕국과는 이질적인 수단으로, 즉 예수를 잡으러 왔던 대사제의 종이었던 말고의 귀를 잘라버린 시몬 베드로, 즉 칼을 사용해서, 그의 스승을 방어하려고 했던 그에게,[30] 예수께서는 말씀하셨다. "그 칼을 칼집에 도로 꽂아라. 칼을 쓰는 자는 모두 칼로 망하는 법이다. 내가 아버지께 청하기만 하면, 열두 군단도 넘는 천사들을 보내주실 수 있다는 것을 너는 모르느냐?"[31] 이리하여 이미 시작되었고 종말에서 완성을 기다리는 하나님 나라의 새로운 세상은 하나님의 평화, 자유, 사랑, 봉사(diakonia)에 의해 정의된다. 이 새로운 세계에서는 두려움과 처벌, 권력과 억압의 여지가 없다. 왜냐하면 이것은 종말에서는 극복되도록 운명 지워진, 죄악과 타락한 세상 표현들의 결과이기 때문이다.

그러나 율법과 제도화된 권력에 대한 존경과 복종과 율법과 권력의 초월과 철폐, 정치에의 참여 간의 우리의 당면한 주제(도시의 생활)에 대해서, 세상에서의 기독교인들의 역설적인 위치, 즉 천국에서의 우리의 시민권 간의 긴장(빌 3:20 참조), 그리고 우리의 지상의 나라의 필요성, 다시 말해서 현재와 미래 간의, 세상의 긍정과 부정 간의 변증법은 물론, 종말론과 권력 그

---

29 요 18:36.

30 요 18:10-11; 마 26:51.

31 마 26:52-53.

리고 종말론과 역사 간 관계의 연계에 가장 좋은 선례와 우리가 마주치는 것은 2세기 말의 고전인 기독교의 원문 디오그네투스에게 보내는 사도의 서간에서, 그것의 강한 종말론적 지향에 있어서이다. 이 원문에서 우리는 다음과 같은 것을 읽을 수 있다:

> 기독교인들은 국가와 언어와 관습에 의해 나머지 사람들과 구별되지 않는다. 왜냐하면 그들은 어디에도 그들 자신의 도시에서는 살지 않기 때문이다. 그리고 그들은 어떤 신기한 방언을 말하지도 않고, 그들은 괴상한 삶의 스타일도 행하지 않는다. 하지만 그들은 각자의 운명이 주어졌을 때, 그리스와 야만의 도시 양쪽에서 살고, 옷과 음식과 삶의 다른 면에서 지방의 관습을 따르는 한편, 그와 동시에 그들은 그들 자신의 시민권의 현저한, 명백히 신기한 특성을 보여준다. 그들은 그들 자신의 나라에 산다. 그러나 단지 이방인들로서, 즉 그들은 시민으로서 모든 일에 참여한다. 그리고 낯선 자들로서 모든 것을 인내한다. 모든 낯선 나라들은 그들의 고국이고, 모든 고국은 낯설다. 그들은 다른 사람들처럼 결혼하고, 자녀를 갖는다. 그러나 그들의 자식을 버리지 않는다. 그들은 음식을 공유하지만 처를 공유하지는 않는다. 그들은 "육신 속에" 있지만, "육신에 따라" 살지는 않는다. 그들은 지상에 살지만, 그들의 시민권은 천국에 있다. 그들은 기존의 법률에 복종한다. 즉 참으로 그들의 사사로운 삶에 있어서 그들은 법률을 초월한다.[32]

디오그네투스에게 보내는 서간의 여기 이 글에서 요약된 관점에 있어서, 우리가 교회의 생활양식에서는 어떤 변화나 진보도 외부로부터 부과되지 않는다는 것을 이해하는 것이 중요하다. 위의 발췌문에 서술된 기독교인의 덕목 또는 특성은, 마치 그것들이 관습적인 도덕의 어떤 암호에 따른 어떤 정치적 일정이나 혹은 의무의 목표인 것처럼, 세상의 방법으로는 법제화할 수 없다. 오히려 그것들은 왕국의 빛 속에서 존재 재지향의 자연적 부수물처럼, 교회의/성례전적 삶에의 의식적인 참여 그리고 영적인 삶에서의 진보의 자연적인 결과로서 자발적으로 일어난다. 디오그네투스에게 보내는 서간에 의하면, 기독교인들의 삶은 그들이 어떠한 법률의 필요성도 가지지 않는다는 것이다. 기독교인들의 삶은, 그것이 참일 때는, 불가피하게 자아와 권위주의의 정신으로, 법률과 권위의 철폐로,[33] 독특한 기독교적, 종말론적 무정부주의로[34] 유도된다. 하지만 이 모든 것은

---

32 *The Epistle to Diognetus*, 5:1-3, 4-10, *Apostolic Fathers*, tr. Lightfoot, Harmer & Holmes (1999), 541.

33 참조. 딤전 1:8-11; 고전 13:9-13; 갈 3: 9-13. 또 Vassilis Adrachtas, "The Political Dimension of Eschatology," in Pantelis Kalaitzidis (ed.), *The Church and Eschatology*, op. cit., 261도 참조.

34 우리는 또 이 사고의 연속으로 *Mystagogy*(PG 91, 709D~712A)에 있는 고백자 성 막시무스의 잘 알려진 구절을 포함할 수 있을 것인데, 그것은 신자들의 세 범주(노예들, 품꾼들, 자식들)와 그들을 지배하는, 그 범주에 상응하는 영적 정도나 단계(공포, 보상, 자유)에 관한 것이다. 그것은 또 합법적인 권위에 복종할 것을 촉구하는 성서의 구절들(롬 13:1-7; 딛 3:1; 벧전 2:13-17; 요 19:11; 마 22:21)조차, 이 복종을 하나님의 율법에 순응하는 일에서 조건적

십자가의 사건과 부활의 어리석음을 그들의 삶의 규칙으로 삼는 사람들, "사이에"(in between)의 상태에서 살고, 그들의 전 존재를 종말과 예기된 새로운 세계에 의거하는 사람들인 기독교인들에게 속한다. 그런데 그것으로부터 현재는 그것의 정체성과 본질, 그것의 의미, 목적을 취한다. 그리하여 정치적 수단을 통해서 성서적, 교회적 혹은 아니면 금욕적 표준을 대중 생활 위에 그리고 참으로 기독교인들이 아닌 시민들 또는 기독교인들이 되기를 바라지 않는 시민들 위에 부과하려는 어떠한 시도도 이해할 수가 없다. 기독교윤리는 그것이 종말론적이고 십자가 중심적이기 때문에, 그리고 그것은, 예수 그리스도의 선례를 따라서 자아, 개인적인 자부(自負), 권력, 권위의 자발적 복종의 금욕적 윤리이기 때문에 무정부적이다. 이리하여 권력과의 교회의 모든 연관, 기독교인의 국가를 세우려는 모든 의도, 그것의 이상적인 신정(神政)의 "기독교인의" 사회 혹은 제국으로 회귀하려는 모든 몽상은 용어상으로 탈선, 왜곡, 모순을 구성한다.

교회가 이것을 망각할 때, 그것의 종말론적 비전—하나님 나라의 비전—이 역사 안에서 정당화되고 (그리스도교적이라고 간

인 것으로 만들고("우리는 어떤 인간권위보다 하나님에게 복종해야 한다", 행 5:29) 또 그것을 창조된/부여된 세속적 권위의 것으로 그 영역 안에 제한하거나 아니면 그들이 "주를 위해서" 또는 "양심을 위해서" 복종을 추구하거나, 또는 그들이 마침내 봉사와 사랑으로써 이 복종을 지탱한다는 것을 말해준다. 하지만 이것은 우리가 다음 기회에 다루어야 할 커다란 쟁점이다.

주되는) 역사의 한 시대 혹은 한 형태와 동일시되려는 유혹에 의해 침해될 때, 그때 교회는 종말의 상징, 사랑과 자유 왕국의 예견으로부터 제도화되고 권위주의적인 조직으로 회귀한다. 그러면 하나님 나라는 과거의 정치적 형태로 인식되고, "그리스도교의 세계성(ecumene)"과 비잔티움의 신정(神政)의 환상과 동일시된다. 그런데 그것은 역사 안에서 실현된 왕국에 대한 권위주의적 이해로 귀결된다. 교회가 더는 그것의 본질을 종말로부터 이끌어내는 것이 아니라, 오히려 역사로부터 이끌어내고, 하나님 나라 대신에 교회는 자신을 세상적인 왕국이라고 선언한다. 교회는 미래와 그 도전들에 공개되어있는 공동체로부터 과거와 그 정치적 형태를 동경하는 것 안으로 변형되었다.[35] 그것은 더 이상 종말, 하나님 나라, 오실 주님을 동경하는 것이 아니라, 그 대신 우리가 무시하려고 애쓰는 "기독교인의" 제국, 비잔티움의 신정(이에 관해서는 플오로브스키가 그렇게 황폐화시키는 비판을 동등하게 만들지만), 즉 마치 고대의 이스라엘 혹은 고대 로마에서처럼,[36] 세상적인 영역과 종교적인 그것 간의 그리고

---

35 우리가 앞서 논의하며 그 일부를 빌려온, Dimitris Arkadas의 탁월한 분석 참조. "Power and the Church: Political Aspects of Eschatological Ecclesiology," op. cit., 89-97.

36 참조. *The Dictionary of Biblical Theology*, P. Joseph Cahill and E. M. Stewart 감수 (London Dublin: Geoffrey Chapman, 1973), 37-39[원문 불어]; Oscar Cullmann, *The State in the New Testament*, op. cit., 8-10, 52-53; Georges Florovsky, "Antinomies of Christian History: Empire and Desert," in *Christianity and Culture*: Volume II in the *Collected Works of G. Florovsky*, op. cit., 70-71, 75-76.

황제의 영역과 하나님의 그것 간의 노선(경계)을 더럽히는 신정으로의 회귀를 동경한다:

중세의 "신성 제국"은 서방 형태와 동방 형태에서 모두 다 명백한 실패작이었다. 그것은 하나의 유토피아였고 동시에 절충이었다. "구세계"는 그리스도교의 외피 아래 아직도 계속되고 있었다. 그럼에도 그것은 불변의 상태로는 계속되지 않았다. 기독교인 신앙의 충격은 삶의 모든 활동 범위에서 눈에 띌 정도였고 심오했었다. 중세의 신앙은 용감한 신앙이었고, 그 희망은 간절한 것이었다. 사람들은 정말로 이 세상은 "기독교화"될 수 있고, 그것이 단지 "잊히는" 것이 아니라 바뀔 수 있다고 믿었다. 실존 전체의 궁극적인 갱신의 가능성에 대한 확고한 신앙이 있었다. 이러한 확신에서 모든 역사적 과업들이 착수되어왔다. 항상 그 노력에 포함된 이중의 위험이 있어왔다. 즉 불완전한 성취를 궁극적인 것으로 착각하거나, 상대적인 성취에 만족하는 것이다. 왜냐하면 궁극적인 목표는 달성할 수 없는 것이기 때문이다. 절충의 정신이 토대 지워지는 것은 이곳이다. 비잔티움의 역사는 기독교의 정치에서는 모험이었다. 그것은 성공적이지 못했고 아마도 불행한 실험이었다. 그럼에도 불구하고 그것은 자신의 방식대로 판단될 것이다. 비잔티움은 실패했고, 교회와 보다 큰 연방 간의 분명하고 적합한 관계를 결코 설정하지 못했다. 그것은 잃어버린 낙원의 문을 여는 데 성공하지 못했다. 그러나 다른 어느 누구도 또한 성공하지 못했다. 문은 아직도 잠겨있다. 비잔티움이라는 열쇠는 올바른 것이 못된다. 다른 모든 열쇠도 또한 그렇다. 그리고 아마도 저 궁극적인 자물쇠에 대한 어떤 지상의 혹은 역사적인 열쇠도 없을 것이다. 단 하나의 종말론적 열쇠 즉 참된 "다윗의 열쇠"가 있다. 그럼에도 불구하고 비잔티움은 수 세기 동안 열렬한 실행 및 헌신과 실제적인 문제와 씨름하고 있었다.[37]

37 G. Florovsky, "Antinomies of Christian History," op. cit., 97, 77, 99-100. 참조. idem, "Christianity and Civilization," in *Christianity and Culture*: Volume II in the *Collected Works of G. Florovsky* (Belmond, MA:Nordland, 1974), 130. 이 문제에 대해 플오로프스키의 견해를 신학적인 토론과 그리고 오늘의 문제와 연관 지은 흥미로운 글이 있다: Athanasios N. Papathanasiou, "Empire and Desert: The History and the Antinomies in the Thought of Fr G. Florovsky," *Synax* 64 (1997), 특히 38ff.. 세속화된 비잔티움의 종말론으로 유도된 원인과 단계들에 대한 체계적인 분석은 Savas Agourides, "Religious Eschatology and State Ideology in the Byzantine Tradition, the Post-Byzantine Period, and the Modern Greek State," *Theology and Current Affairs* (Athens: "Artos Zois," 1996), 49-58; idem, "The roots of the Great Idea," *Theology and Society in Dialogue* (Athens: "Artos Zois," 1999), 15-22 참조. 이 현상이 현재 교회의 현상유지로 변하게 된 것에 대해서는 참조. P. Kalaitzidis, "The Temptation of Judas: Church and national Idendities," in: Theodore G. Stylianopoulos (ed.), *Sacred Text and Interpretation: Perspectives in Orthodox Biblical Studies. Papers in honor of Professor Savas Agourides* (Bokkline, MA: Holy Cross Orthodox Press, 2006), 355-377(*The Greek Orthodox Theological Review* 47 [2002] 357-379에서 재발행됨). 하나님 나라와 성직자 간의 협력에 대한 비잔티움의 실험을 방어하는, 플오로프스키에 대한 이견은 N. Matsoukas, *Dogmatic and Creedal Theology*, vol. III (Thessaloniki: Pournaras, 1997), 298ff. 참조.

7 장
종말론이냐 신정(神政)시대냐, 하나님이냐 황제냐

하나님과 황제는 뚜렷한 두 현실, 양립할 수 없는 생활양식의 두 영역으로 정의된다. 그것은 끊임없이 변증법적 관계 속에 있다. 예수 그리스도는 하나님의 존재양식(τρόπος ὑπάρξεως)으로 사랑, 자기비움(kenosis), 봉사(diakonia)를 계시했다.[1] 참으로 성 바울이 고린도전서의 사랑에 대한 그 유명한 찬가에서 가리키는 것처럼, 사랑은 종말론적 실재로서, 미래 시대의 덕 혹은 더 정확하게는 미래 시대에 종말에서 남게 될 유일한 덕목으로 나타난다.[2] 반면에 황제의 방식은 억압과 지배, 공포와 권력이다. 종말론에 비추어본 정치에 대한 우리의 검증에서, 우리는 하나님과 교회를 황제의 방식이나 그의 영역 안으로 통

1 참조. 예를 들면 요일 4:7-21. 또한 요 15:9-17; 17:24-26 참조.

2 고전 13:8-13. 또 롬 8:35-39; 히 10:24-25도 참조.

합하려고 시도하고 있는 것이 아니라, 오히려 우리의 목표는 그 쟁점을 해명하고 정치를 해방하며, 그것을 종말론에 개방시키는 것이다. 교회는 정치를 종말론적 조망으로 변화시킬 수 있고 변화시켜야 하며, 그것을 권위주의의 예속으로부터 해방할 수 있고 해방해야 한다. 역사의 주인이 그리스도이며, 그는 영광중에 재림하여 악과 불의를 물리치는데, 이러한 긴장의 시대에 우리는 교회는 그의 손이다. 교회는 '부활의 정치'에 공헌할 수 있는데, 오로지 희생과 봉사라는 '십자가의 교회'로서이다"라는 인식으로 봉사로 바꿔야 한다.[3]

교회는 어떤 독특한 전통으로의, 어떤 이상화된 "기독교" 사회나 제국으로의 회귀가 아니라, 종말로 가는 여정이다. 역사적 사건들과 교회의 종말론적 비전의 무시는 과거로, 로맨틱하거나 전체주의적 형태의 환상으로 회귀하려는 운동으로 유도되었는지도 모르는 반면에, 이것이 정교회의 끊임없는 유혹을 대표하고, 교회의 참된 정체성을 나타내지 않으며, 그것은 그 대신 종말로부터, 왕국의 미래로부터 온다는 것을 우리는 기억해야 한다.

오늘날 우리에게 말할 수 있고, 현대세계로—그리고 되돌아올 수 없이 흘러간 어제의 세계가 아니라—하나님 나라의 복음을 전파할 수 있는 교회에서, "성스러운 러시아", 세속화된 발칸

3 Metropolitan Ignatius of Demetrias, "Authority and Diakonia in the life and Structures of the Church," in: *Church, Ecumene, Politics*, op. cit., 79.

반도의 군주제 국가처럼, 그것이 그것의 민족중심의 설교를 넘어서 이동하는 것, 그것이 비잔티움의 신정(神政)으로 회귀한다는 어떠한 환상도, 아니면 "기독교 사회"에 대한 어떠한 다른 로맨틱하고 반근대적인 관념도 포기하는 것이 과거보다 지금이 더 시급하다. 우리가 하는 것처럼, 플오로브스키가 "성스러운 제국"을 이 땅에서 하나님 나라를 실현하는 최고·최종 단계라던 비잔티움이라는 환상을 해체한 불행한 실패라고 신학적으로 철저하게 비판한 이후 수십 년 동안 유지되었던, 종말론이 단순히 세속화된 형태인 신정(神政)과 신민족주의는,[4] 더 이상 정치에 대한 교회의 비전이 될 수가 없다.

물론 이 모든 것은 만약 우리가 서방 현대성과 다문화사회의 실재를 인정하고 수용하며 마침내 포스트모더니즘에 대한 심각한 신학적 연구와 발 빠른 접근의 대화(이미 여기에서도 어떤 사람들은 하고 있지만)가 없다면 공허한 말이 되거나 바라는 생각에 불과하다. 교회의 비잔티움 그리고 전통적이고 농업적인 사회, 근대성의 수용 거부와 동일시는, 교회가 말하고 있는 그 사회는 현대성의 넓은 틀 바깥에서는 그 사회를 인식할 수 없다는 단순한 이유로 교회와 사회와의 어떠한 대화의 시도도 무익

---

4 참조. Nicolas Berdyaev, The Realm of Spirit and the Realm of Caesar, 71: "신정(神政)은 기독교가 거쳐야 할 유혹 중의 하나였다. 이 말은 신정을 중세적 의미로 국한한 것이 아니라 '기독교' 국가들을 포함한 것이었는데, 그것은 실제적인 것이 아니라 언제나 상징적인 의미에서 기독교인의 것이었고, 또 기독교에 타협한 것이었다."

하게 만드는 오늘날 가장 다루기 힘든 목회(牧會)와 신학적 문제이다. 그러므로 우리는 정교회가 아직도 현대성과 실제로 만나지 못했기 때문에 여전히 생산적인 만남, 심지어 그 둘 간의 종합을 기다리고 있다는 것을 인정할 수밖에 없다. 정교회는 그러한 조우를 체계적으로 피하고 있는 것 같다.[5] 반면에 현대성은 정교회와 그것의 보다 깊은 진리를 단지 무시하는 것 같다. 그렇지만, 만일 건전한 종말론적 분리로부터 우리가 배울 수 있는 것이 있다면, 그것은 교회가 어떤 독특한 역사적 시대와도, 혹은 어떤 독특한 사회와도, 혹은 어떤 독특한 형태와도 동일시

---

5 이러한 방어적인 태도에 대해서 몇몇 주목할만한 예외가 있는데, 주로 다음 같은 연구로 대표된다: Pantelis Kalaitzidis, *Orthodoxy and Modernity. An Introduction* (Athens: Indiktos, 2007 (영역판: tr. Elizabeth Theokritoff, St Vladimir's Seminary Press, 근간); Pantelis Kalaitzidis · Nikos Ntontos (eds.), *Orthodoxy and Modernity*, Volos Academy winter Program 2001~2002 (Athens: Indiktos, 2007); Assad Elias Kattan · Fadi Georgi (eds.), *Thinking Modernity. Towards a Reconfiguration of the Relationship Between Orthodox Theology and Modern Cultur*e (Tripoli, Lebanon/Münster: St John of Damascus Institute of Theology, University of Balamand/Center for Religious Studies, University of Münster, 2010); Assad Elias Kattan, "La théologie orthodoxe interpelée par l'hermeneutique moderne," *Contacts* n° 234 (2011), 180-196. 또 Petros Vassiliadis, *Postmodernity and The Church: The Challenge for Orthodoxy* (Athens: Akritas, 2002); Georges N. Nahas, "théologie orthodoxe et modernite," *Contacts* n° 234 (2011), 154-167; Antelis Kalaitzidis, "1st das orthodoxe Christentum in der Vormoderne stehengeblieben? Das Bedürfnis nach einer neuen Inkarnation des Wortes und das escatologische Verständnis der Tradition und des Verhältnisses zweischen Kirche und Welt," in: Fl. Uhl, S. Melchardt, Artur R. Boelderi (Hg.), *Die Tradition einer Zukunft: Perspektiven der Religionsphilosophie* (Berlin: Parerga V., 2011), 141-176도 보라.

될 수 없다는 것이고, 그리고 그것의 진리의 핵심은 세상과 교회 간 관계의 보다 초기 기준에 의해 속박되거나 고갈될 수 없다는 것이다. 이러한 관계에서 교회는 "온 반죽 덩어리를 부풀게 하는 적은 누룩"(고전 5:6)처럼, 모든 시대와 모든 사회에 스며들어 신성하게 하며, 그리하여 장소와 시간을 통해서 성육신의 의미를 확장하고, 교회가 실제로 살고 있는 곳에서 끊임없는 성령강림을 증언하고 있다.

결국 종말론은 현재와 미래 간의, 세상의 긍정과 부정 간의, 정치의 참여(도시 생활)와 정치를 초월하는 것 간의 변증법으로부터 분리될 수 없다. 세상과 역사를 포기하든, 아니면 세상과 역사에 흡수되어 세속화되든, 교회의 어느 면에서든 위험은 상존해있다. 수도원주의는 그것의 수도사적이고 금욕적인 정신과 그것의 자발적인 체념의 기풍과 더불어, 항상 기독교인들의 세상에서의 여정을 위한 가장 좋은 선례를 제공했다. 반면에 또한 교회의 종말론적 정체성에 대해서 보초를 서고 영구한 경계를 유지했다. 사실상 수도원주의는 그 자체가 "기독교화된" 제국의 어떤 불신으로부터 생겨났고, 흔히 교회의 세속화에 대항하는 반항아로서, 세상 및 세속적인 사고방식과의 절충의 거부로서, 또 다른 종류 국가와 또 다른 종류 사회를 건설하려는 시도로서 풀이된다.[6] 그것은 시모노페트라의 수도원장 에밀리아

6 예로 Fr Georges Florovsky, "Antinomies of Christian History: Empire and Desert," op. cit., 74-75, 83-85, 또 "Christianity and Civilization,"

노스가 다음과 같이 강조한 것과 같다: "수도원주의라는 역사적 제도의 출현은 세계사에 있어서 매우 중요하고 기본적인 계기였다. 하지만 시간과 장소와 더불어 뒤이은 수도원주의의 성공적 단계는, 시초에 이교의 역습과 압력으로부터, 그리고 나서 사회생활의 세속화로부터, 이단으로부터, 분파 등으로부터, 우리 자신의 천식성(喘息性)의 시대로 계속된 영향에도 불구하고, 기독교인의 공동체들에 대한 종말론적 경험을 그러나 보존했었다."7

수도원주의는 종말론의 파수꾼이고, 교회에 대한 종말론적 양심이다. 그리고 세상의 우리 기독교인들이 오늘날 매우 시급하게 필요로 하는 것은, 가혹한 정치적 방법들의 모방이라기보다는 오히려 광야의 정신과 사고방식에 기초한, 엄밀하게는 바로 이러한 종류의 수도원주의인 것이다.

---

op. cit., 123-126를 보라.

7 Elder Aimilianos, *Spiritual Instruction and Discources, Volume 1: The Authentic Seal* (Ormylia, Greece: Ormylia Publshing, 1999), 110-111.

찾 아 보 기

ㅇ

ㅈ

ㅊ

ㅋ

ㅌ

ㅍ

ㅎ